Ordonnances pour un État malade

MAURICE DRUON
de l'Académie française

Ordonnances pour un État malade

Éditions de Fallois

Éditions du Rocher

22, rue La Boétie, 75008 Paris

ISBN 2-87706-441-7

Ce n'est pas parce que les choses sont difficiles que nous n'osons pas ; c'est parce que nous n'osons pas qu'elles sont difficiles.

SÉNÈQUE
Lettres à Lucilius, 104, 26

AUSCULTATION, DIAGNOSTIC, PRONOSTIC

Les Français sont mécontents. Ils le sont généralement et presque unanimement. Écoutez-les, auscultez-les. À quelque catégorie, milieu, âge ou profession qu'ils appartiennent, tous se plaignent, tous présentent des signes de malaise et d'irritabilité. Mais de quoi sont-ils mécontents ?

Les Français sont mécontents d'une fiscalité accablante, la plus lourde du monde, une fiscalité multiple, compliquée, inquisitoriale, une fiscalité spoliatrice qui absorbe, tous prélèvements et taxes compris, près de la moitié du revenu global des individus, une fiscalité qui freine l'entreprise, décourage l'initiative, détruit l'emploi, limite la consommation et constitue finalement une exécrable entrave à la liberté. Et ils se demandent, les Français, pourquoi, payant si cher l'État, celui-ci marche si mal.

Les Français sont mécontents d'une administration pléthorique et ruineuse, sans cesse croissante et revendicatrice, qui fonctionne selon un statut fabriqué par les communistes il y a plus de cinquante ans, et dont les lenteurs, les pesanteurs, le manque de qualité, de rendement, de rigueur, sont préjudiciables à l'ensemble du corps social comme à la situation du pays dans le monde. Et ils sont effarés, les Français, quand ils apprennent que le ministre de la Fonction publique avoue être incapable de savoir le nombre exact des fonctionnaires, et doit se contenter d'évaluations, lesquelles, tout additionné – administrations centrales, régionales, départementales, communales, enseignement, organismes et établissements divers, sociétés étatisées ou mixtes –, estiment à près de huit millions et demi les salariés du secteur public, ce qui fait de la France un pays semi-totalitaire.

Les Français sont excédés par la multiplication des grèves affectant ces services précisément publics, grèves d'inspiration politique, décrétées par des minorités syndicales abusives, et dont l'effet est aussi éprouvant pour le citoyen que préjudiciable à l'économie nationale.

Les Français sont exaspérés par la manie légiférante de leurs gouvernements, de quelque bord qu'ils soient, par l'accumulation de lois pour toutes choses et à tout propos, et de lois pour modifier les lois, et de décrets pour les appliquer, et d'arrêtés, circulaires, règlements, instructions, conventions, tout ce fatras de textes contraignants dans lesquels ni le législateur lui-même, ni le fonctionnaire, ni le juriste n'arrivent plus à se reconnaître, mais qui ligotent le citoyen dans tous les actes de sa vie civique, professionnelle ou privée.

Et ce n'est pas seulement l'usager ordinaire qui se plaint d'être étouffé par la paperasse. Ministres, parlementaires, et tous agents publics ont-ils les oreilles bouchées quand le plus haut fonctionnaire de France, le vice-président du Conseil d'État lui-même, révèle, pour le déplorer, qu'on « recensait il y a peu 15 000 textes de portée générale, dont 7 500 lois... En vingt ans, ajoutait-il, le *Journal officiel* est passé de 7 000 pages à 17 000 ! Sans compter qu'avec ses milliers de règlements et directives à intégrer dans le droit français, l'Union européenne a largement contribué à la prolifération du maquis législatif » [1].

1. M. Renaud Denoix de Saint-Marc.

Les Français sont lassés de voir leurs ressources fondre dans des mesures dites de répartition ou de solidarité, qui tendent à faire croître une population d'assistés vivant aux dépens de la population active, et dont les bénéficiaires eux-mêmes, maintenus dans une situation de médiocrité, ne sont jamais satisfaits. Ils sont las, les Français, de ce qu'un ministre lucide, mais inécouté, a appelé « la générosité sociale à crédit »[1].

Les Français sont incommodés par les charges d'une Sécurité sociale fonctionnarisée, donc tatillonne, lambine, exagérément coûteuse pour tous et pour chacun. Ils sont angoissés par un système de retraites, lui aussi réglementé par l'État, qui leur impose la cessation d'activité à âge fixe – encore une privation de liberté ! – et qui ne leur garantit pas qu'ils retrouveront, en fin de vie, des ressources équivalentes aux amputations de salaires qu'ils auront eu à subir tout au long de leurs années de labeur.

Les Français sont irrités par un enseignement public employant un personnel gigantesque, soumis aux syndicats et aux idéologies, pour

1. M. Édouard Balladur (25-6-2001).

produire 20 % d'illettrés à la sortie de l'école primaire, et autant d'adolescents sans formation, impropres à tout emploi ou carrière, au départ du collège, du lycée ou des facultés. Ils sont fâchés, les Français, d'un système d'éducation qui n'éduque pas, où ce n'est pas l'élève qui est le centre d'intérêt de l'État, mais l'enseignant, et où c'est en fonction des conforts de celui-ci que les horaires trop lourds pour les enfants et les vacances interminables sont aménagés, un système où l'absentéisme est endémique, où des dizaines de milliers de professeurs ne dispensent aucun enseignement, mais où l'on procède sans cesse à des créations de postes, et où un corporatisme archaïque s'oppose à toute sanction.

Les Français sont plus qu'éprouvés par l'insécurité de leurs cités, voire de leurs campagnes, par la multiplicité toujours croissante des vols, violences, destructions, agressions, attentats, crimes, et par une délinquance qui se généralise dans la jeunesse et même l'enfance, comme si toute autorité parentale ou publique s'était dissoute, laissant le champ libre aux pires pulsions primitives greffées sur les pires chancres urbains.

Les Français n'ont plus confiance dans leur justice qui, traversée par des courants politiques, a perdu sa sérénité, une justice qui sanctionne souvent trop légèrement le délit, quand elle le sanctionne, relâche imprudemment des criminels dangereux, mais emplit les prisons de prévenus qu'elle s'acharne à déshonorer, avec le relais d'une presse complaisante, comme si tout détenteur de pouvoir ou de fortune était par principe suspect.

Les Français, du coup, sont écœurés par les « affaires » qu'on déballe à grand fracas, et qui font apparaître les collusions et complicités, vraies ou inventées, entre des gouvernants et des combinards, des élus et des aigrefins, des édiles et des prévaricateurs avérés.

Les Français, ceux du moins qui savent et qui pensent, sont alarmés par une dépense publique qui absorbe 55 % du Produit intérieur brut (P.I.B.), par un déficit budgétaire qui dépasse 170 milliards de francs, et une dette publique de 5 400 milliards de francs. S'ils divisent cette somme entre les 60 millions qu'ils sont, les Français découvrent que chaque enfant, dès qu'il sort du ventre maternel, est déjà débiteur de 90 000 francs !

Les Français sont inquiets pour leurs armées, que l'on a professionnalisées, mais dont on rogne et râpe chaque année les dotations pour satisfaire à d'autres dépenses, de telle sorte qu'on repousse aux calendes les grands équipements modernes qui leur permettraient d'agir, indépendantes et efficaces, en toute circonstance où les intérêts supérieurs l'exigeraient, ces armées où s'installe une compréhensible morosité en constatant que leurs missions sont si peu considérées.

Les Français souffrent de voir leur langue, expression d'une glorieuse civilisation et premier instrument d'influence, être partout en recul, faute de volonté politique et d'attributions suffisantes, perdant ainsi des usagers dans les régions mêmes que l'histoire a le mieux disposées à son emploi, cependant que des dizaines de milliards sont versés à des organismes d'aide multilatérale, type Banque mondiale ou Fonds monétaire international, où la langue française est délibérément ignorée.

Les Français sont humiliés de voir la France perdre la place prééminente qui fut la sienne pendant cinquante ans dans une Europe dont elle fut la première à entreprendre et construire la difficile Union, laissant dès lors à l'Allemagne, mieux gouvernée et plus solidaire, d'en prendre la direction.

Les Français, enfin, sont dégoûtés de leur personnel politique, dégoûtés par le fonctionnement douteux des partis, la mesquinerie et l'intolérance de leurs appareils, les discours creux et répétitifs de leurs orateurs, et leur impuissance à produire le moindre programme clair, cohérent, réparateur, ambitieux, exaltant, faisant appel aux vertus de notre peuple et correspondant aux exigences de notre temps. Ils sont lassés, les Français, et déçus par une gauche dite « plurielle » – quel langage ! – qui ne tient plus assemblée que par les bulletins de vote échangés, comme ils sont las d'une droite qui a perdu les repères de la grandeur et qui n'avance aucun projet pour la France, faute d'en avoir gardé « une certaine idée ».

Cela fait beaucoup de mécontentements, d'irritations, de déceptions, de frustrations, d'anxiétés, de lassitudes, d'amertumes, de rancœurs, d'humiliations et de sourdes colères, tous sentiments inflammables accumulés et empilés, qui peuvent s'allumer à la première étincelle jaillie on ne sait d'où, ni comment, ni pourquoi. Il y a trente-quatre ans que la France n'a pas connu de révolte ; ce n'est pas dans les habitudes de son histoire !

*

Il n'est pas inutile de noter que le déclin tardif du parti communiste, non en capacité de nuisance syndicale mais en effectifs électoraux, laisse du terrain libre aux trotskistes qui, après une longue période d'hibernation, se réveillent, s'agitent, se manifestent un peu partout, et savent faire parler d'eux. Quoi qu'ils veuillent laisser paraître, ils ne sont pas moins sectaires ni plus tendres que les communistes de type classique, tout au contraire.

Il y a, des staliniens aux trotskistes, la différence qu'il y a de la bactérie au virus. La bactérie a une structure de cellule ; elle est un organisme qui a sa vie propre et assure sa reproduction, envahissante autant qu'elle le peut. Le virus n'a pas cette constitution organique ; il doit pour survivre et proliférer s'introduire dans des cellules existantes et se servir de leurs fonctions biochimiques.

Les trotskistes infiltrent et s'infiltrent ; ils s'associent à tout ce qui peut nourrir leurs appétits et concourir à leurs desseins. Anarchistes de toutes tendances, révoltés pour toutes raisons, asociaux par nature, milieu ou déboires, ils agglomèrent tout ce qui refuse l'ordre institutionnel existant. Ils se donnent pour l'espérance de ceux qui n'en ont pas. Ce serait une grave erreur d'appréciation que de regarder les trotskistes comme un phénomène mineur, épisodique et négligeable.

S'est-on bien aperçu que le mouvement « anti-mondialiste » qui fait tant de tapage depuis la dernière année du XXe siècle est une pure reviviscence de la doctrine de la « révolution permanente » et universelle chère à Trotski, et qui opposa celui-ci à Staline partisan de « l'édification du socialisme dans un seul pays » ? C'est Trotski, issu de milieu bourgeois, et d'abord menchevik, qui avait organisé l'Armée rouge.

L'entreprise mondiale de l'anti-mondialisme, vaste opération de déstabilisation des États, obéit à des instructions et adopte des méthodes trotskistes. Elle a une organisation, une direction, une stratégie, et des moyens financiers importants et mystérieux. Ses tactiques sont diversifiées. Le faux paysan à grosse moustache qui rameute en France des agriculteurs en démolissant les devantures des restaurants américains est un fils de bourgeois de bonne formation trotskiste.

On disserte et discute beaucoup sur l'anti-mondialisme, volontairement mal nommé. En fait, comme toutes choses en géopolitique, l'affaire est très simple. C'est la réclamation d'une économie distributive, donc contraignante, donc finalement totalitaire, agent de médiocrité et génératrice de misère, contre l'économie libérale dite de marché, fondée sur la compétition, le talent, l'effort, et facteur de progrès matériel et social.

Ceux qui mettent leur foi, jusqu'à la pousser au fanatisme violent, dans l'économie distributive se trompent du tout au tout. Ils reprochent au capitalisme de manquer d'âme : l'économie totalitaire en a encore moins.

40 000 manifestants à Seattle en décembre 99, contre l'Organisation mondiale du commerce ; 10 000 à Prague, en 2000, contre la réunion du Fonds monétaire international ; 50 000 à Nice, la même année, pour le sommet de l'Union européenne ; 20 000 à Göteborg, en 2001, à l'occasion d'un autre sommet ; 150 000 à Gênes, plus récemment, pour s'opposer à la rencontre des huit grandes puissances industrialisées, sans oublier des démonstrations de moindre amplitude mais d'identique inspiration à Washington, Québec, Davos, Zurich, Barcelone, Genève, Salzbourg. Les déplacements aériens, ferroviaires ou routiers de ces casseurs ou hurleurs, leur alimentation, leur hébergement, leur armement même, et toute leur logistique, cela coûte cher, très cher. Tout cela pour acculer les principaux dirigeants de la planète au ridicule de ne pouvoir

conférer que derrière des murs de policiers, dans des villes en état de siège !

Si les différents services secrets ignorent quelles sont les sources financières des organisations anti-mondialistes, c'est qu'ils sont nuls. Et s'ils le savent, alors les gouvernements doivent rendre ces informations publiques.

On peut attendre très vraisemblablement des anarcho-trotskistes qu'ils soient, en France, les boutefeux du mécontentement général. En tout cas, de quelque manière que le foyer s'allume, on peut compter sur eux pour venir de toutes parts et de tous pays, l'attiser. Ce sont des incendiaires manipulés.

D'ailleurs, la vieille militante à petite cervelle et grand cœur qui, depuis tant d'années, sert de porte-parole aux trotskistes français l'a, dans son aimable naïveté, dit récemment : « Il faut un nouveau Mai 68. » Ce qui prouve bien qu'il était leur œuvre. Mais sachons bien que le nouveau Mai, s'il se produit, ne ressemblera pas au précédent. Il ne sera pas la révolution des horions et du sparadrap, drainant, en dehors de quelques vrais idéalistes, des adolescents saturés de bien-être. Ce sera une révolte dure.

*

Ne nous trompons pas de diagnostic. Quoi qu'il en soit des apparences, ce n'est pas la France qui est malade, c'est l'État.

La France garde sa solide constitution. Son sol est riche, son climat amène, même lorsque traversé de brutales intempéries. Son agriculture est l'une des plus productives du monde. Son artisanat est actif et le serait plus encore sans les entraves administratives qu'on lui impose ; il en va de même pour ses entreprises, grandes, moyennes ou petites. Elle reste la quatrième puissance exportatrice, et la troisième en superficie maritime économique. Elle se maintient dans le peloton de tête pour les industries aérienne, automobile, nucléaire et spatiale. On peut évaluer à plus de trois cents millions les usagers réguliers de sa langue, malgré le peu de moyens accordés au soutien de celle-ci. L'attrait de ses paysages, la variété de son littoral et de son relief, l'équilibre entre ses espaces ruraux et urbains, son patrimoine architectural et muséologique, le nombre et la qualité de ses festivals, sa gastronomie, ses vignobles exceptionnels, et un certain art de vivre, en font, dans la mobile humanité de notre époque, la première destination touristique ; elle reçoit chaque année plus de visiteurs qu'elle n'a d'habitants. La nature a été généreuse avec la France, et son peuple doué, parce que constamment alluvial, a su en tirer le meilleur.

Mais une nation ne saurait être vraiment en bonne santé si son État est malade, tout particulièrement la France où l'État a des origines huit fois centenaires, où l'État, peut-on dire, a précédé la nation qui s'est formée autour de lui.

Or notre État est devenu obèse ; il souffre d'artériosclérose et d'artérite oblitérante ; de surcroît il est schizophrène. Tout le corps social est donc prédisposé à des infections, des thromboses, des délires.

Il se peut que, dans un avenir incertain, mais éventuellement proche, la France ait à connaître ce violent accès de fièvre que j'évoquais ci-dessus, accompagné de symptômes paralysants et de désordres mentaux. Je dis bien : il se peut... Le pire n'est jamais certain ; mais la meilleure manière de l'éviter, ou d'en limiter les effets, est encore de s'y préparer. La prévision jamais ne fut un vain exercice.

Dans un précédent ouvrage[1], j'ai tenté de

1. *La France aux ordres d'un cadavre* (Éd. de Fallois / Éd. du Rocher, Paris, 2000).

faire apparaître la racine des maux qui accablent l'État, les souches microbiennes qui le minent. Nombre de mes lecteurs, pour qui ce déterrement fut soit une confirmation, soit une révélation, m'écrivirent : « Mais maintenant que nous savons, que faire ? Quelles actions, quels remèdes pouvez-vous proposer ? »

Ne voyant aucun traitement à froid venir de nos milieux politiques, dits responsables, je me risque à esquisser ici la thérapeutique de choc qu'il faudrait appliquer, si la nécessité se présentait d'une action à chaud.

Tout d'abord, chacun, chaque citoyen doit savoir que, dans notre civilisation technologique, tout dépend de tout, et qu'aucune nation industrialisée ne pourrait survivre à trois semaines de blocage des communications, des transports et des sources d'énergie. Trois semaines constituent une extrême limite. L'économie moderne, en tous ses aspects, fonctionne en absence de stocks. Tout se fabrique et s'achemine au rythme des commandes ou des prévisions à court terme, contrôlé par des systèmes informatisés.

Équipements, produits alimentaires, pièces de rechange qui seront utilisés ou consommés dans un mois sont encore sur la mer. Si ce qu'on appelle « la chaîne du froid » était interrompue, la France, avant trois semaines, serait affamée. Seuls les agriculteurs pourraient encore s'alimenter, provisoirement. Mais toutes les usines, les ateliers d'artisans, les entrepôts, les circuits de distribution, les hôpitaux seraient arrêtés, et l'on ne pourrait plus ni se déplacer, ni se procurer des moyens de paiement.

L'anarchie a des limites. Au bout de ces trois semaines fatidiques, la population entière, y compris les participants au mouvement insurrectionnel, réclamerait le rétablissement de l'ordre public pour que puissent fonctionner de nouveau les circuits vitaux.

Les marxistes de tout poil, évidemment, tenteraient de profiter de la déliquescence des pouvoirs pour s'en emparer, selon leur technique bien connue de l'emprise d'une minorité terrorisante sur une majorité terrorisée.

Mais même si nos désordres avaient quelque effet contagieux chez nos voisins, où les trotskistes, selon leur plan prémédité, s'emploieraient à allumer d'autres incendies, ces derniers ne pourraient s'étendre ni loin ni longtemps.

Les structures de l'Union européenne, si imparfaites soient-elles, mais où tous les partenaires sont interdépendants, ne sauraient permettre que s'installe chez un des États membres un régime totalitaire, ou seulement une situation séditieuse prolongée [1].

Lorsque Constantin Caramanlis, dont le pays se relevait d'une dictature fasciste qui avait elle-même succédé à un socialisme désordonné, s'appliquait avec tant d'énergie à le faire entrer dans la Communauté, j'ai souvenir qu'il m'avait dit : « Ce n'est pas seulement pour des raisons économiques que j'en fais une priorité ; c'est parce que, à partir du moment où la Grèce fera partie de l'Europe, elle ne pourra plus sortir de la démocratie. » Ce qui valait pour la Grèce vaut pour tous.

Nous voyons, depuis plusieurs années, comment nous agissons, de concert avec nos associés, pour contenir les conflits balkaniques. Ne négligeons aucune hypothèse. Nous avons contracté l'engagement d'assurer la libre circulation des personnes et des biens dans l'Union européenne ; il serait désobligeant que tels de nos partenaires se sentissent obligés d'obéir au

---

1. « Les progrès de la construction européenne ont renforcé les liens politiques, économiques et sociaux entre les États intéressés, à un point tel que leurs intérêts de sécurité sont devenus difficiles à distinguer. » (Rapport annexe à la loi de programmation militaire de 1996.)

« devoir d'ingérence » pour venir rétablir l'ordre sur notre territoire. Nous avons tous les moyens de nous en charger nous-mêmes, et à tout moment.

Pour rassurer, l'heure venue, les tremblants, rappelons l'article 16 de notre Constitution ; les termes en ont été soigneusement pesés.

« Lorsque les institutions de la République, l'indépendance de la Nation, l'intégrité de son territoire ou l'exécution de ses engagements internationaux sont menacés d'une manière grave et immédiate et que le fonctionnement régulier des pouvoirs publics constitutionnels est interrompu, le Président de la République prend les mesures exigées par ces circonstances, après consultation officielle du Premier ministre, des Présidents des Assemblées ainsi que du Conseil constitutionnel. Il en informe la Nation par un message. »

Rappelons aussi que pour répondre à la diversité des formes d'agression, dont la mondialisation du terrorisme n'est pas la moindre, les missions de nos armées, devenues professionnelles, ont été diversifiées, de même qu'a été étendu le spectre de leurs capacités. Les catastrophes naturelles, les accidents technologiques entrent dans leurs missions, mais également la lutte contre le trafic de drogue et la grande criminalité. L'insistance a été mise sur la « sécurité intérieure » autant que sur la défense contre les agressions extérieures ou les actions hors du territoire. Les effectifs de la gendarmerie ont été doublés. *« Le concours des formations et des moyens militaires de toute nature peut s'avérer indispensable en cas de crise ou d'événement grave, à tout moment et en tout lieu »* [1].

La République a donc tous les moyens, si la rue connaissait un moment d'égarement, de remettre l'État sur pied. La seule condition est que les Français aient élu pour Président un homme dont le caractère et les antécédents politiques ne laissent aucun doute sur sa volonté de garantir l'intérêt supérieur du pays et le maintien de ses institutions. Le même souci doit exister pour l'élection du président du Sénat qui est appelé à suppléer, en cas d'empêchement, le chef suprême de l'exécutif.

J'entends déjà les bonnes âmes qui se disent « de gauche » m'accuser de ne parler qu'en termes de répression, et me reprocher de ne faire aucun effort pour comprendre les motifs des contestataires.

---

1. Loi de programmation militaire du 2 juillet 1996.

En effet, si je fais un effort pour comprendre les raisons du malaise français, je refuse d'en plus faire aucun pour entendre cette erreur de l'esprit qu'est le marxisme dont les repousses étouffent notre société, et dont les rejetons de toute espèce favorisent, suscitent, dirigent, exploitent la contestation, dans l'espoir d'en récupérer les effets.

Quant à la répression, tout est question d'appréciation du moment et de maîtrise des moyens.

Deux escadrons de cavalerie envoyés à bon escient du côté des Invalides, le 14 juillet 89, ou à Versailles, lors des journées d'Octobre, où l'on n'osa pas employer les régiments stationnés à proximité, nous eussent fait faire l'économie de la Convention, de la Terreur, de la Vendée, et de deux siècles d'instabilité institutionnelle.

Si Nicolas II ou Kerenski avaient fait arrêter, en 1917, Lénine et ses séides, la Russie aurait poursuivi le développement économique et social dans lequel elle était engagée, ce qui lui aurait épargné, ainsi qu'à ses satellites, l'oppression meurtrière et les douleurs du stalinisme.

Plus récemment et modestement, trois bulldozers blindés dépêchés rue Gay-Lussac pour balayer l'embryon des barricades, au lieu de laisser la Garde, l'arme au pied, les regarder s'élever, eussent sans doute suffi à contenir les mouvements étudiants de 68 dans les limites qu'ils eurent aux États-Unis, en Allemagne ou ailleurs, et nous eussent préservés de la déstabilisation du gaullisme, avec des séquelles dont nous souffrons encore.

La clémence préalable n'a jamais servi à rien, sinon à transformer les incidents de l'Histoire en accidents. C'est après seulement qu'il faut user de la clémence, rapidement et largement.

*

Restons dans l'hypothèse de crise. L'accès de fièvre passé, quel qu'ait été son degré de gravité, il faudra profiter du temps d'abattement qui suivra, tandis que le pays aura encore les oreilles bourdonnantes de ses désordres, pour traiter les racines du mal et s'attaquer aux foyers d'infection, surcharges pondérales et carences diverses qui l'auront provoqué.

Ce doit être l'affaire de six mois. Si les peuples ne peuvent pas supporter plus de trois semaines d'anarchie et d'arrêt des services, ils n'ont pas non plus au-delà de six mois de mémoire. Ils perdent le souvenir, au bout d'un semestre, de leurs frayeurs, de leurs difficultés, et même de leurs réclamations ardentes d'un retour à l'ordre. Bientôt recommencent la palabre, les tergiversations, les rivalités de partis, les luttes d'ambitions personnelles, « les jeux du forum », comme disait de Gaulle.

Après quatre ans d'occupation, d'humiliations, de privations, de délations et de deuils, les Français, au bout de six mois, n'avaient dans l'idée que de refaire une IIIe République, dont la fin leur avait si bien réussi, et accouchaient d'une IVe qui était pire encore.

À un État malade, il faut appliquer des remèdes puissants et rapides. Le traitement a un nom ; il s'appelle le gouvernement par ordonnances. La procédure est prévue par notre Constitution ; elle en constitue l'article 38.

« Le gouvernement peut, pour l'exécution de son programme, demander au Parlement l'autorisation de prendre par ordonnances, pendant un délai limité, des mesures qui sont normalement du domaine de la loi. »

Toute démocratie qui veut se conserver doit avoir dans sa loi fondamentale une disposition de cette nature. Lors d'un épisode grave de la vie nationale, et particulièrement s'il a justifié l'emploi de l'article 16, elle permet à l'exécutif de prendre sans délai les décisions qui s'imposent pour le relèvement du pays.

Il n'y a guère à redouter que le Parlement refuse au gouvernement d'user de cette procédure. La panique rend les Parlements très doux.

Il est beau de parler d'ordonnances ; encore faut-il qu'elles aient été réfléchies et préparées. Ce n'est pas dans l'instant que peuvent se choisir, se définir et se rédiger les mesures indispensables pour réparer un désastre et empêcher le retour des conditions qui l'ont provoqué.

Nous tentons ici de dégager les principes qui devraient, à notre sens, présider à l'établissement de ces ordonnances. Il dépendra des circonstances que l'application en soit totale ou partielle, et aménagée selon la situation du moment.

Toutes ces mesures visent à la restauration de l'État, et leur but commun est le rétablissement d'un certain nombre de libertés que les Français se sont laissé confisquer.

Il n'est pas interdit de rêver d'un gouvernement qui, sans attendre que survienne une crise majeure, choisirait cette procédure et prendrait ces décisions.

*

L'un des symptômes les moins signalés et pourtant des plus révélateurs de la maladie de l'État est l'abaissement du langage gouvernemental, administratif et social.

J'invoque Confucius. Il n'avait été ministre que huit mois, mais cela lui avait suffi pour formuler des principes de gouvernement auxquels on se réfère encore. À la question : « Quelle est la première qualité nécessaire pour bien gouverner ? », sa réponse était : « Connaître parfaitement le sens des mots. »

Notre langage politique est perverti ou déliquescent. Plus rien ne s'y exprime simplement et donc clairement. Il est fait de jargons de spécialistes qui le rendent opaque. Le jargon fiscal, en particulier, excelle à enrober la moindre taxe dans un habillage qui rend sa raison d'être, ses modalités et sa destination impénétrables. Ces jargons sécrètent une syntaxe compliquée, lourde, souvent fautive, où le lecteur perd le fil de l'intention, et où l'on dilue en vingt lignes ce qui pourrait se dire en quatre.

L'adage est beau qui proclame : « Nul n'est censé ignorer la loi. » Encore faudrait-il que la loi ne fût pas émiettée en dizaines de milliers de textes, et que ces textes fussent accessibles à la compréhension commune des citoyens.

De surcroît, la démagogie cultive l'euphémisme. La rage égalitariste et la perversité marxiste ont torturé le vocabulaire pour en expurger ou en dissimuler tous termes qui ont une « connotation » d'infériorité, fût-elle physique ou même géographique.

N'est-on pas allé jusqu'à changer le nom des départements, pour dispenser la Seine d'être « inférieure », comme si son cours devait être maintenu à une altitude constante, et les Pyrénées d'être « basses » pour faire oublier que tous leurs sommets ne sont pas égaux ?

Tandis qu'on met trop tôt les gens à la retraite obligatoire, on croit consoler la vieillesse en l'appelant « le troisième âge » ; les aveugles sont devenus des « mal-voyants » ou des « non-voyants », les sourds des « mal-entendants ». La condition des femmes de ménage est relevée par la désignation de « techniciennes de surface ». Et les populations sont évidemment rassurées depuis que les autorités publiques ont choisi de rassembler les vols, viols, agressions, destructions de biens et autres crimes ou délits sous la douce appellation d'« incivilités », réservée jusqu'ici aux manques de politesse. Reprenons-nous, et finissons-en avec ces fadaises.

On s'obligera donc à rédiger les ordonnances

dans une langue claire, resserrée, correcte, et aussi précise et impérative que possible. Elles devront également être brèves. Il est rare qu'il faille plus de dix articles pour formuler une obligation.

Les lois longues sont toujours à réviser, par une autre loi. Quand on veut tout prévoir, on oublie forcément quelque chose qui existe ou existera.

La loi pose les notions essentielles ; les détails et les modalités relèvent des décrets d'application, lesquels sont aisément modifiables quand la nécessité s'en présente.

Tout va de pair. La restauration de l'État commande d'abord la restauration de l'ordre dans les cervelles.

ORDONNANCE N° 1

SUR LES SERVICES PUBLICS

La première ordonnance concernera *les services publics*.

Nous disons bien *les* et non pas *le* service public. Employée au singulier, l'expression est trop souvent entendue comme l'ensemble des services de l'État. C'est un glissement de sens quelque peu réducteur. Si nombre de ces services relèvent effectivement de la puissance publique, d'autres sont confiés à l'initiative et au financement privés. Prenons pour exemple les ambulances. Il en est qui dépendent directement de l'État : pompiers de Paris, police parisienne ; d'autres des collectivités locales ; d'autres encore de compagnies indépendantes ou d'entreprises artisanales. Mais qui pourrait nier que leur ensemble constitue un service public ?

Le principe fondamental auquel devra

répondre l'ordonnance est celui-ci : « *Les services publics sont, par définition, ceux qui ne peuvent, sous aucun prétexte, souffrir d'interruption si celle-ci risque de porter atteinte à la vie, ou aux droits et libertés énoncés dans la Déclaration des Droits de l'Homme et du Citoyen.* »

L'arrêt de la distribution de la lumière et de l'énergie, l'arrêt des établissements hospitaliers, l'arrêt des moyens de transport ferroviaires, aériens et routiers, l'arrêt des moyens de transmission et de communication peuvent mettre en danger des vies humaines ; ils peuvent être une entrave à la liberté de circulation et du travail ; ils peuvent entraîner la destruction ou la détérioration de biens matériels ; ils peuvent être préjudiciables à la sécurité de la population.

Le principe ci-dessus implique évidemment que soit mise une limitation à l'exercice du droit de grève, ou plutôt à son abus.

De quoi s'agit-il ?

La grève fut le moyen utilisé par le prolétariat, dans les débuts sauvages de l'ère industrielle, pour se défendre contre un patronat généralement dépourvu de toute humanité, et qui tenait l'ouvrier dans une condition quasiment serve. Il fallut de rudes et longs combats pour parvenir à la légitimation de ce recours.

Mais le droit de grève n'est pas pour une profession particulière celui de nuire à la collectivité entière, en bloquant l'activité générale pour obtenir quelques satisfactions catégorielles. Cette pression, ou plus exactement ce chantage, souvent à répétition [1], d'une minorité sur la majorité des citoyens, en plus de présenter les dangers que nous avons dits, est parfaitement antidémocratique.

Le gouvernement de la République dispose de tous les moyens constitutionnels pour mettre un frein à ce détournement d'un droit.

Le préambule de la Constitution de 1946, auquel fait référence le préambule de celle de 1958, établit que : « *le droit de grève s'exerce dans le cadre des lois qui le réglementent* ».

Plusieurs décisions du Conseil constitutionnel viennent confirmer ce recours à la réglementation, dont celle de juillet 1980 qui précise : « ...*La reconnaissance du droit de grève ne saurait avoir pour effet de faire obstacle au pouvoir du*

---

1. Entre 1996 et 1999, on a pu comptabiliser à la R.A.T.P. (Régie autonome des transports parisiens) 1 060 préavis de grèves, totales ou partielles, dont les deux tiers provoqués par la C.G.T., c'est-à-dire qu'en trois ans, il n'y a eu que 35 jours sans grèves ou menaces de grève. On nous concédera qu'il y a là quelque chose qui ne va pas.

législateur d'apporter à ce droit les limitations nécessaires en vue d'assurer la protection de la santé et de la sécurité des personnes et des biens... », confirmée par celle de septembre 1986 qui, rappelant que « *la continuité du service public, tout comme le droit de grève, a le caractère d'un principe de valeur constitutionnelle* », déclare : « *Les limitations au droit de grève peuvent, dans certains services dits régaliens (chargés du maintien de l'ordre ou de la protection de la sécurité publique) aller jusqu'à l'interdiction pure et simple.* »

Le mot d'interdiction est bien prononcé.

Le Conseil d'État, pour sa part, dans un arrêt de 1997, faisant référence à la disposition constitutionnelle de 1946 citée plus haut, constate : « *En l'absence de la réglementation ainsi annoncée par la Constitution, la reconnaissance du droit de grève ne saurait avoir pour conséquence d'exclure les limitations qui doivent être apportées à ce droit, comme à tout autre, en vue d'éviter un usage abusif ou contraire aux nécessités de l'ordre public... En l'état de la législation, il appartient au gouvernement, responsable du fonctionnement des services publics, de fixer lui-même, sous le contrôle du juge de l'excès de pouvoir, la nature et l'étendue des dites limites pour les agents des dits services.* »

Depuis cinquante-cinq ans, il existe donc une étonnante lacune dans les prescriptions juridiques relatives au droit de grève, parce qu'aucun gouvernement, durant tout ce temps, n'a osé la combler, par crainte des réactions des syndicats marxistes.

Le recours au service minimum, souvent réclamé, jamais défini, toujours discuté et toujours insuffisant, n'est qu'un palliatif illusoire.

Quand on a des instruments légaux, on les emploie. Le gouvernement ne commettrait aucun abus de pouvoir en prenant une ordonnance qui édicterait : « *Le droit de grève ne peut être invoqué par les agents, auxiliaires, entrepreneurs, concessionnaires et employés des services reconnus publics, dont l'interruption est déclarée insupportable pour la population. La liste en est portée en annexe.* »

Et vous verriez comme la France en serait soulagée.

ORDONNANCE N° 2

SUR LA FONCTION PUBLIQUE

Une très grande partie de nos misères vient du statut de la fonction publique.

J'ai dit ailleurs[1] comment et pourquoi ce statut était une des conséquences les plus pénibles et les plus durables de notre défaite de 1940. S'étant fait un marchepied de l'abaissement de la France, le gouvernement de Vichy, en 1941, alors qu'il était aux mains de l'amiral Darlan, promulgua un statut des fonctionnaires qui rassemblait les pires dispositions contraignantes, corporatistes, racistes et fascisantes du régime de collaboration. Si un tel statut n'avait pas existé, il n'y aurait pas eu lieu de l'abroger et

1. *La France aux ordres d'un cadavre*, chap. IV, « Le statut de la fonction publique ou l'État schizophrène » (Éd. de Fallois / Éd. du Rocher, 2000).

de le remplacer. Mais on tomba d'un excès dans un autre.

De Gaulle, pour éviter des désordres civils, avait dû faire place aux communistes dans le gouvernement de la Libération. Leurs comités et leurs organisations armées tenaient le tiers du pays [1].

Le Général parti, faute qu'on le laissât rebâtir convenablement les institutions, les communistes devinrent plus influents encore. Le président du Conseil Georges Bidault, démocrate-chrétien, confia à ses ministres marxistes de réformer le statut de la fonction publique. On pensait leur avoir donné là un os à ronger ; c'est à la moelle épinière qu'ils s'attaquèrent.

Quand j'avance que notre État est schizo-

1. Toute l'histoire du Parti communiste français pendant l'Occupation tient entre les deux rappels suivants. Le 14 juillet 1940, *L'Humanité*, dont les autorités allemandes, à la requête de Jacques Duclos, avaient permis la reparution, imprimait dans son éditorial : « Il est particulièrement réconfortant, en ces temps d'infortune, de voir de nombreux ouvriers parisiens fraterniser avec les soldats allemands. » À la fin de 1944, alors qu'on avait dénombré 29 000 résistants fusillés par l'Occupant, les communistes en revendiquaient pour leur part… 75 000. Ils avaient failli provoquer, dans les jours de la libération de Paris, la destruction de la capitale, en déclenchant trop tôt l'insurrection afin d'y prendre le pouvoir avant l'arrivée de la division Leclerc.

phrène, c'est parce que la loi de 1946, signée du vice-président du Conseil, Maurice Thorez, partage en fait le pouvoir, dans les administrations, entre le gouvernement et les syndicats. On laissa installer des soviets dans les ministères.

Comment le fonctionnaire, détenteur, à quelque échelon qu'il soit, d'une part de la puissance publique, pourrait-il tenir correctement son rôle si les syndicats le mettent sans cesse en conflit avec cette puissance même ?

Structures des services, organisation du travail, détermination des effectifs, rémunérations, primes diverses, horaires, gestion des carrières, et décisions générales même, tout est perpétuellement contrôlé, discuté, contesté ou entravé par l'action des syndicats. Cette situation qui, depuis un demi-siècle, va sans cesse s'aggravant, doit cesser sous peine que la France en crève.

Le fonctionnaire n'est plus un serviteur du gouvernement, ni même un partenaire ; il est devenu un adversaire.

Le pire qui puisse arriver à une société est que les monstruosités y deviennent des habitudes. Les maladies chroniques provoquées par le statut de 1946 réclament un traitement de choc. La potion va être amère et les réactions de l'organisme provoqueront des soubresauts. Mais il faut en passer par là.

L'Ordonnance sur la fonction publique est l'une des plus urgentes à prendre. Sa première disposition serait :

La cessation volontaire et concertée du travail est interdite aux agents de la fonction publique.

Ce que nous avons dit plus haut de la limitation du droit de grève dans les services publics vaut, ipso facto, pour toutes les administrations de l'État.

La grève n'a pas été inventée pour dresser huit millions et demi de fonctionnaires à l'emploi assuré, aux horaires légers et aux traitements qui ne sont pas de famine, contre le gouvernement de la République dont ils sont les agents.

Le principe de base est clair. Le peuple, tenu pour souverain, élit un chef de l'État et des assemblées législatives. Le chef de l'État choisit un gouvernement dans la majorité de ces assemblées. Le gouvernement donne ses instructions aux fonctionnaires. Ceux-ci n'ont pas à discuter la loi votée, ni les décisions du gouvernement, quel qu'il soit. Lorsqu'ils le font, ils s'opposent au peuple souverain.

La Grande-Bretagne ne connaît pas de grève dans la fonction publique. Le rapide relèvement de l'Allemagne, après la Deuxième Guerre mondiale, est dû en partie au fait que la grève est interdite à ses fonctionnaires. La France a le triste privilège, parmi les grandes démocraties, d'être la seule à connaître cette périodique paralysie de l'État par ses propres agents. Il faut en finir avec cette forfaiture collective qui est la conséquence des consignes marxistes.

Les fonctionnaires auront tout loisir de manifester leurs opinions personnelles ou leur soutien aux causes de leur choix en se joignant aux rassemblements et défilés les jours fériés et de congé, qui sont nombreux.

La deuxième disposition traitera de la constitution et des procédures de l'organisme professionnel représentant les personnels de l'administration auprès des autorités supérieures.

Il est indispensable qu'un tel organisme existe dans chaque direction centrale de l'Administration ou grand service extérieur, et qu'il soit composé de délégués élus par la *totalité* des agents. Mais *un seul*, et non pas quatre, six, huit syndicats, qui ne se distinguent que par la tendance politique, font du racolage, rivalisent de démagogie, réservent les avantages à leurs adhérents, et s'opposent à toute sanction.

Ces organismes représentatifs, que l'on continuera d'appeler très normalement syndicats, et où le nombre des délégués élus sera déterminé en fonction des effectifs, tiendront régulièrement, avec les ministres, leurs collaborateurs immédiats et les directeurs d'administrations, des conférences qui remplaceront avantageusement les commissions paritaires, ces sortes de parlements où l'on se regarde en chiens de faïence et dont le rôle principal semble être d'entraver les décisions du pouvoir.

Ces conférences devraient être des réunions de concertation où les autorités supérieures pourraient expliquer aux délégués la politique générale du ministère, la raison des instructions données, les objectifs visés, et où les délégués pourraient exprimer les doléances et souhaits de leurs collègues, signaler les injustices et les dysfonctionnements, et faire apport de leurs suggestions pour l'amélioration des services.

À ceux qui vont hurler au seul énoncé de cette proposition, qui vont crier à l'étranglement de leur liberté et au reniement de leurs droits, je conseille de prendre garde et d'ouvrir les yeux sur la réalité.

Un fossé se creuse de plus en plus entre les fonctionnaires et le public, c'est-à-dire entre l'État et les citoyens. Le public juge, à bon escient, les administrations obèses, lentes, inattentives, indifférentes et exagérément coûteuses. Attentes aux guichets, courriers qui restent sans réponse pendant des semaines sinon des mois, discourtoisie souvent, comportements méprisants ou autoritaires : le citoyen prend les agents et préposés en grippe. Il finit par oublier le grand nombre de fonctionnaires qui accomplissent correctement leur travail, sont aimables, prévenants, efficaces, qui cherchent à aplanir les difficultés et sont attristés de la mauvaise image qu'ont leurs services. Les bons pâtissent pour les mauvais.

Car en face, il y a quantité d'employés qui, entretenus par les syndicats marxistes dans un esprit de perpétuelle réclamation, ne songent qu'à obtenir des horaires réduits, des salaires augmentés, qui prennent tous les prétextes pour se mettre en grève, cultivent l'absentéisme, ressentent leur tâche comme une corvée et finalement détestent l'usager [1].

Jusqu'à présent celui-ci subit, en se plaignant,

1. L'accueil des visiteurs au musée du Louvre est un travail si pénible et épuisant – qui s'en serait douté ? – que les gardiens de la pyramide d'entrée ont obtenu d'avoir une demi-heure de repos après une demi-heure de service !

en maugréant, en s'irritant ; mais il subit. Cela ne saurait durer éternellement. Un jour ce divorce entre le pays et l'État prendra un tour brutal et il ne fera pas bon appartenir à la fonction publique.

Il est urgent de réconcilier le citoyen avec ses administrations, et de remplacer dans celles-ci la mystique de la revendication par l'esprit de service.

Il importe d'améliorer les services en rapidité et en qualité, de rendre la tâche plus attrayante pour les agents publics et leur activité plus satisfaisante pour la population. Les ministères devront publier régulièrement des bilans informant le public du volume des affaires traitées, des économies réalisées et du résultat des initiatives.

On aura avantage à s'inspirer du programme « Citizen's Charter » lancé par John Major pour restaurer la réputation et le fonctionnement des administrations britanniques, et prouver que la privatisation des services n'était pas la seule réponse aux besoins de la société moderne. Ce programme, œuvre d'un gouvernement conservateur, a été jugé si efficace que le gouvernement travailliste de Tony Blair n'en a pas dévié d'un pouce.

Et l'on s'inspirera des méthodes qui assurent la prospérité des entreprises privées pour les appliquer à la fonction publique.

Une troisième disposition traitera des promotions. Celles-ci ne se feront plus à l'ancienneté, mais au mérite.

Si l'ancienneté doit s'accompagner d'une augmentation régulière du salaire, elle ne justifie pas forcément une désignation à des responsabilités supérieures. Les qualités d'un second, qui souvent n'est lui-même qu'un ancien dernier, ne font pas automatiquement les qualités d'un premier. Or, actuellement, les syndicats, pour conserver leurs clientèles, exigent que les avancements se fassent au tour de bête. Chacun attend que son supérieur immédiat ait grimpé d'une marche, ou soit parti en retraite, pour occuper son poste. Rien ne saurait davantage redonner dynamisme aux administrations, y favoriser l'ardeur au travail, l'émulation, le goût d'exceller, que de rétablir le mérite individuel comme critère de l'avancement.

La quatrième disposition réformera la grille des salaires et le système des primes.

La trop célèbre grille des salaires est une grille de prison, pour l'État comme pour ses agents. Elle oblige, quand on hausse les salaires d'une catégorie de fonctionnaires, à élever en proportion ceux de tous les fonctionnaires de toutes les administrations. L'idéologie égalitaire et les méthodes totalitaires montrent là leur puissance. Est-il question d'augmenter le traitement du sous-préfet ? Il faut augmenter le salaire du planton et du balayeur. Veut-on donner un peu plus d'aisance aux diplomates ? Les postiers percevront un avantage équivalent. Les hausses de traitement, dans ces conditions, ne peuvent être qu'infimes ; et les syndicats de la fonction publique se battent pied à pied, en usant d'un vocabulaire militaire, pour un quart ou un demi-point.

La différence est pratiquement insensible au bénéficiaire, qui juge cette hausse mesquine et dérisoire, cependant qu'elle se traduit, pour les contribuables, en dizaines de milliards. Ah ! sainte Égalité, patronne de toutes les injustices, et de toutes les médiocrités !

Pour pallier l'évidente absurdité et les déplorables effets de la grille des salaires, on a dû instituer le régime des « primes », tout aussi néfaste. Prime de ceci, prime de cela, qui ne sont que des hausses de salaire déguisées. Là, l'uniformité disparaît. Les primes se négocient dans chaque ministère ou administration, séparément et dans le secret. Va donc, mon concitoyen, toi qui es le peuple souverain et qui as le droit constitutionnel de contrôler la dépense publique, demander à connaître le barème des primes en usage au ministère des Finances ? En serais-tu le ministre, tu aurais quitté ton poste avant de l'obtenir. Système opaque, compliqué et honteux. Il n'est que temps de mettre plus de souplesse et de transparence dans la hiérarchie des salaires.

À partir d'une rémunération de base définie par échelons, le gouvernement doit pouvoir augmenter isolément les émoluments des agents de telles ou telles catégories, dans telles administrations ou tels services, selon les compétences, astreintes, horaires inhérents à leurs fonctions.

Le gouvernement doit pouvoir notamment amener la rémunération des infirmières, qui est ignominieusement basse, à un niveau décent, alors qu'il leur est demandé une présence, une attention, un dévouement, des efforts physiques, des qualités de cœur et un sens des responsabilités qui n'a rien à voir avec ce qui est demandé aux postiers, grands spécialistes des grèves à répétition.

Le gouvernement doit permettre à ses fonctionnaires d'autorité ou de prestige de tenir leur rang. Autrefois, généralement issus de la haute bourgeoisie, ils consacraient au service de l'État une partie de leurs revenus personnels. Aujourd'hui, où les carrières sont très justement ouvertes à tous les milieux, et où les héritages ont été laminés par la fiscalité, les hauts fonctionnaires ont une très faible situation pécuniaire, en comparaison de celle qu'ils pourraient avoir dans le secteur privé. D'où la tentation, à laquelle ils cèdent volontiers, de rejoindre celui-ci où ils trouvent une situation matérielle souvent dix fois supérieure.

De meilleurs émoluments catégoriels favoriseraient de meilleurs recrutements. Il est évident que la secrétaire d'un directeur des Affaires étrangères doit posséder d'autres connaissances et d'autres compétences, est tenue à d'autres horaires et à une autre présentation que la secrétaire du contrôleur des impôts ou de l'officier des douanes. Or elle aura les mêmes émoluments, lesquels sont inférieurs du tiers, sinon de la moitié, à ceux qui lui seraient offerts par un grand patron d'entreprise. De ce fait, l'administration ne peut choisir que dans ce qu'il y a de moins mauvais. Le niveau intellectuel dans certains secrétariats de cabinets ministériels est souvent affligeant. Le manque de culture et de manières, l'ignorance, la lenteur, la négligence qu'on reprochait à l'administration des anciens pays communistes se sont installés chez nous.

Les réformes doivent-elles s'arrêter là ? Non, il en reste une, qui serait des plus salutaires, et qui découle des dispositions énumérées plus haut. C'est la disparition des « permanents » de syndicats, c'est-à-dire des quelque vingt-cinq mille agents qui sont rémunérés à plein temps par l'État, sans assurer aucun service, et qui ne font que gérer la vie syndicale.

Il suffirait de deux jours de liberté par semaine aux délégués des personnels, dans l'organisme professionnel unique, pour traiter des questions de leur ressort.

C'est donc de quelque vingt-cinq mille postes, parfaits « emplois fictifs », que l'on pourra s'alléger. On demande des économies ? Eh bien en voilà une, qui est de taille. Supprimons les inutiles et l'on pourra mieux rémunérer les utiles.

Il existe, depuis des décennies, un ministère de la Fonction publique qui ne sert à rien. Il aurait enfin à s'employer s'il avait à mettre en œuvre les dispositions que nous préconisons. Oh ! ce ne sera pas facile. Il y a tant de grands et de petits abus auxquels tant de gens sont accrochés !

Mais vous verriez comme rapidement la France se porterait mieux.

ORDONNANCE N° 3

SUR L'ENSEIGNEMENT

On peut, pendant trente ans, avoir accompli des travaux scientifiques importants, et même des découvertes, sans que la réputation qu'on s'est acquise franchisse les limites du milieu spécialisé, et puis, en vingt-quatre heures, atteindre à une renommée générale avec une seule phrase tirée à bout portant d'un fauteuil ministériel tout neuf. C'est l'aventure qui arriva à M. Claude Allègre lorsque, à peine en possession de son portefeuille de ministre de l'Éducation nationale, il fit cette déclaration confondante : « Il faut dégraisser le mammouth. »

Déjà, quelques lustres plus tôt, M. Jean-Pierre Chevènement avait provoqué des remous en formulant, de la même place, un autre impératif aussi stupéfiant : « Il faut commencer par apprendre à lire, écrire et compter. »

Remarquons que, quinze ans après M. Chevènement, il y avait toujours 10 % des élèves entrant au collège qui ne savaient pas lire correctement ni ne comprenaient ce qu'ils lisaient, 20 % qui ne pouvaient pas écrire deux lignes sans faire trois fautes d'orthographe, et autant qui étaient incapables d'effectuer la multiplication la plus simple sans s'aider d'une calculette.

Quant à M. Allègre, son mammouth non seulement ne maigrit pas d'un gramme, mais devint furieux et le chargea, défenses en avant, pour le pousser hors de son bureau sous l'œil glacial d'un Premier ministre impitoyable et oublieux, qui s'inquiétait pour sa propre popularité.

Au vrai, la phrase de M. Allègre avait été bien douce et le verbe dégraisser bien amène. Il aurait plus justement dû dire : « Il faut découper le mammouth et le désosser. »

Parmi les personnels rémunérés par l'État, celui de l'Éducation nationale est le plus nombreux, et de loin – « aussi nombreux que l'Armée rouge », disait-on naguère. Aujourd'hui, il détient seul le record. Il tourne autour du million d'agents, sans que, d'ailleurs, on puisse jamais obtenir le chiffre exact. C'est celui qui nécessite le budget le plus lourd, celui aussi où les syndicats sont les plus puissants, les plus exigeants, les plus discuteurs, les plus politisés, où les idéologies inspirent non seulement les revendications professionnelles, mais les programmes et même le contenu des manuels.

Toutes les réformes tentées depuis cinquante ans – or chaque ministre a voulu faire la sienne – ont échoué. La méthode dite globale pour l'apprentissage des rudiments du langage et des mathématiques a été une catastrophe. Le collège unique, dont l'invention remonte à la présidence de M. Giscard d'Estaing, a été une autre catastrophe. La suppression des écoles normales, qui avaient produit tant de générations d'instituteurs exemplaires, et leur remplacement par des I.U.F.M. (instituts universitaires de formation des maîtres) est encore une catastrophe, même si les instituteurs – toujours la manie de l'euphémisme – s'appellent désormais des « professeurs d'école ». Les démagogues excellent à valoriser les titres quand ils dévalorisent les fonctions.

La pédagogie, art difficile, obéissait à des principes trop simples. Elle a cédé la place à une science nouvelle, la didactique, pour laquelle on a créé un vocabulaire particulier qui atteint les sommets de la cuistrerie, du ridicule et de l'obscurité. C'est celui-là que diffusent les Instituts de documentation pédagogique – de quelle réforme datent-ils, ceux-là ? – qui emploient une quantité appréciable d'enseignants qui n'enseignent pas.

Le marxisme, le gauchisme pèsent lourdement sur tout le système d'éducation. L'inspiration vient de haut. Les agrégés de philosophie de l'après-guerre se partageaient, en gros, entre adeptes de Marx et adeptes de Sartre : le collectivisme utopique et l'existentialisme démolisseur. Leur influence a pénétré jusque dans l'école primaire.

Les deux soucis principaux qui paraissent habiter l'Éducation nationale, ou plus exactement les syndicats qui la dominent, sont :

1° préparer les enfants à accepter et même désirer un type de société radicalement – au sens premier du terme – différent du nôtre ;

2° obtenir les plus grandes commodités de travail et de vie pour les enseignants.

Objectifs d'ordres bien différents, dira-t-on, mais qui pourtant, si l'on y regarde de près, se complètent parfaitement.

Plus on obtiendra d'avantages pour les maîtres, plus ceux-ci seront attachés à leurs syndicats et disposés à en suivre les consignes politiques.

L'incroyable accumulation des périodes de vacances n'a pas été décidée dans l'intérêt des élèves, lesquels sont accablés par des horaires trop lourds [1], mais pour l'agrément de ceux qui doivent les instruire.

Pas plus que les « curés-copains » n'ont réussi à l'Église, pas plus les « instituteurs-copains » et les « professeurs-copains », qui tutoient leurs élèves, se laissent tutoyer par eux et se vêtent avec le même débraillé, n'ont réussi à l'Éducation nationale.

Le refus de la notation et du classement, le renoncement à l'exercice de l'autorité et aux sanctions, ont conduit à l'abaissement des niveaux mentaux et à l'installation de la violence. Égalité, égalité : ne pas reconnaître la supériorité des premiers pour ne pas humilier les derniers !

Nous sommes arrivés au point où, le professeur n'osant pas punir le cancre, c'est finalement le cancre qui gifle le professeur.

Beaucoup de directeurs d'école, principaux de collège et proviseurs semblent atteints de la

1. Alors que l'on réduit le travail des adultes à trente-cinq heures hebdomadaires, on impose aux enfants jusqu'à huit heures de cours par jour.

tremblante du mouton. Ils ne veulent pas qu'on sache que les choses vont mal chez eux, que l'indiscipline y est endémique, que la drogue y circule, et que le racket[1] s'y pratique ; ils craignent d'être mal notés, et désavoués par les parents d'élèves. On attend qu'il y ait des blessés pour commencer à s'émouvoir.

Ah ! les bons citoyens que l'on aura formés !

L'un des aspects du drame, et non des moindres, est que nous arrivons à la deuxième génération de parents qui ont été instruits de cette façon déplorable. Quelle aide peuvent-ils donner à leurs enfants ? Comment pourraient-ils redresser leur langage, si eux-mêmes ont un parler fautif ? Les grands-pères savaient le latin et les petits-fils ne savent pas le français. De moins en moins les familles peuvent pallier les insuffisances de l'enseignement public, d'autant que les ménages sont de plus en plus désunis et les mères célibataires de plus en plus nombreuses.

La grande différence entre l'Éducation natio-

---

1. Les dernières statistiques, fournies par le ministère lui-même, indiquent que 30 000 cas de racket sont relevés chaque année. Un collège sur dix est atteint par ce mal. Les jeunes « racketteurs » ne se contentent pas de dépouiller leurs camarades plus faibles, ils obligent leurs victimes à voler leurs parents, et se font remettre ce butin.

nale et la plupart des autres ministères, c'est qu'une réforme ratée y a des effets pernicieux sur une génération entière, et qu'une réforme réussie ne montre vraiment ses heureux résultats qu'au bout de quinze ans. Les utopies et les démissions s'y payent cher.

Je n'ignore pas que beaucoup de membres du corps enseignant échappent à cette cascade de reproches, que nombreux sont ceux qui font preuve de mille qualités, à commencer par celle du dévouement. Je sais qu'ils blâment souvent les instructions qui leur sont données et le système où on les a enfermés ; je sais qu'ils s'efforcent d'y remédier dans leurs classes. Mais je crains fort qu'ils ne soient pas assez déterminés. Combien de lettres ai-je reçues, témoignant d'absurdités et de scandales, sur un ton d'indignation ou de désespoir ? Mais combien aussi se terminaient par ces mots : « Ne me citez pas. » L'Éducation nationale n'est pas l'Armée ; le courage n'y fait pas partie des vertus implicites.

Si l'on veut que la France ait un avenir, il faut porter le fer, vigoureusement, dans ce gigantesque organe malade. Le traitement ne relève pas de la pharmacopée, et moins encore des médecines douces, mais de la chirurgie.

⋆

En premier lieu, ne faudrait-il pas changer le nom du ministère ? Le remplacement de son ancienne appellation d'« Instruction publique » par celle d'« Éducation nationale » ne lui a pas porté bonheur. On éduque de moins en moins et le sens de la Nation y est complètement perdu.

Ministère des Enseignements conviendrait mieux. Il serait articulé en trois secrétariats d'État, respectivement à l'Enseignement primaire, au secondaire et au supérieur.

L'État ne retiendrait que ce qui doit indispensablement relever d'un régime général, à savoir : l'établissement des programmes du primaire et du secondaire ; le contrôle des manuels ; l'organisation et l'harmonisation des examens ; les établissements préparant à l'enseignement ; les concours, les inspections générales, les instances disciplinaires de dernier recours.

Tout le reste serait transféré aux régions qui répartiraient les responsabilités et les charges entre les départements, les villes et les collectivités locales.

S'il est un domaine auquel les régions sont intéressées, c'est bien celui de l'enseignement.

Comment tenir compte, dans l'éducation, des spécificités urbaines et rurales ; comment favoriser, dans les jeunes esprits, la symbiose entre les acquis nouveaux de la civilisation et les traditions culturelles ; comment préparer l'adolescence à trouver le plus sûrement des emplois quand viendra son entrée dans la vie active ? Rapprocher l'école du terroir, rapprocher les collèges et les lycées des débouchés artisanaux, industriels ou de services : voilà où la décentralisation peut être réelle et efficace.

Non seulement les bâtiments scolaires, leur implantation, leur édification, leur entretien, mais le fonctionnement des établissements, le recrutement des maîtres, leur rémunération, le seuil numérique des classes, les horaires, les congés, les règles de discipline, la gestion des budgets seront du ressort de la région ou des collectivités qui la composent.

Il y aura une Académie – au sens universitaire du terme – par région, et c'est celle-ci qui en choisira le recteur.

On peut espérer que les élus régionaux, désireux d'afficher de bons résultats, remettront en honneur l'émulation et la sélection.

*

Sélection ! J'ai prononcé le mot honni, enfoui depuis 1968 sous des monceaux de sottises et de couardises. Il passera mieux si ce sont les provinces, où l'on a les pieds plus près de la terre que dans les étages de la rue de Grenelle, qui en retrouvent le sens et l'usage. La sélection jouera dès la fin des études primaires ; les enfants qui ne sauront pas « lire, écrire, et compter », et même un peu plus, ne pourront entrer dans le secondaire. On en finira avec ces éternels attardés qui poussent en graine, au fond des classes, mais dont la tête reste creuse, et qui ne trouvent compensation à leur ennui et leur échec que dans l'exécration des règles sociales, l'errance en bandes agressives, le bris de vitrines et l'incendie de voitures.

Il faut admettre une fois pour toutes que tous les individus ne sont pas doués également pour les études générales. Égalité des chances, oui, à condition de pouvoir les prendre. Alors que la génétique ne cesse d'élargir nos connaissances sur notre propre physiologie, quand donc les universitaires adeptes d'un marxisme scientiste, depuis longtemps désuet, cesseront-ils de se comporter comme s'ils avaient affaire à des clones, alors que même les clones sont différents cérébralement ?

Un jour, peut-être, la même génétique

parviendra à faire des implants d'intelligence. Prenons patience.

Chacun s'accorde à dire que la jeunesse actuelle, si elle est moins cultivée, est à d'autres égards plus précoce que celle d'il y a cinquante ans, qu'elle est plus tôt avertie des « choses de la vie », comme on disait pudiquement naguère, qu'elle se veut indépendante dès la puberté, qu'elle possède, pour se servir des équipements électroniques, des dispositions que n'ont pas maints adultes : « Je ne sais pas comment marche cet ordinateur, mais demandez à mon petit-fils. »

Raison de plus pour l'instruire de bonne heure. Ce n'est pas à six ans, mais à trois, qu'il faut commencer à lui apprendre les rudiments, et d'abord ceux de l'élocution. Tant de choses peuvent s'inscrire, très rapidement, dans les petites cervelles ! Tant de notions, de signes de reconnaissance, d'habitudes peuvent se loger dans des neurones vierges ! Relisez Quintilien. On n'a jamais rien écrit de plus pertinent sur l'éducation. C'est dès le berceau que doit être formé le citoyen.

Il n'était pas rare, au XIXe siècle et même au début du XXe, que des enfants de dix ans connussent le latin, le grec, et une langue étrangère. Pourquoi notre jeunesse impatiente devrait-elle avoir moins d'agilité mentale ?

La première sélection – je reprends le mot à dessein – se fera donc à la fin des études primaires. L'entrée dans le secondaire sera soumise à un examen, comme jadis. Les recettes du passé ne sont pas forcément mauvaises, et l'on a tout avantage à y recourir quand on n'en a pas trouvé de meilleures.

Et que l'on cesse de nous casser les oreilles avec les éveils tardifs que cette sélection brimerait. On pourra toujours ménager des passerelles pour des appétits de savoir brusquement révélés. L'histoire est pleine de grands hommes qui n'avaient pas de diplômes, mais à qui la volonté, l'ambition et le talent ont frayé les voies d'une réussite exceptionnelle. L'Académie française elle-même a toujours compté dans ses rangs au moins un non-bachelier.

Il n'est pas besoin d'attendre qu'une population scolaire ait seize ou dix-huit ans pour y distinguer les aptitudes.

Les régions feront en sorte que, dans le territoire de leur juridiction, soient dispensés et répartis entre collèges et lycées les enseignements de toutes les matières qui concourent à la culture générale – langues anciennes, grandes langues étrangères, aussi bien que les disciplines scientifiques nouvelles. L'internat sera encouragé.

Une liberté sera rendue aux Français, celle d'inscrire leurs enfants dans l'établissement secondaire de leur choix, dans la limite des capacités d'accueil. Il s'établira une concurrence entre ces établissements. Les meilleurs, les plus recherchés, serviront de modèle aux autres.

Quant aux élèves qui n'auront pas satisfait à l'examen d'entrée dans le secondaire, leur apprentissage des métiers manuels ou techniques doit commencer à quatorze ans. Plus tôt les gestes professionnels deviennent réflexes, et plus l'esprit se libère pour la compréhension ou la conception de l'ouvrage. Dans les métiers artisanaux notamment, l'enfant de quatorze ans a encore envie d'imiter son père, de lui ressembler, de l'égaler. À seize, il est plutôt porté à s'opposer à lui et à refuser sa tutelle.

Naturellement, les apprentissages devront être alternés, comme il en va déjà, entre partie pratique et partie de théorie. La réussite dans un métier manuel exige de nos jours un minimum de connaissances juridiques, économiques et de gestion, en plus d'un savoir spécifique.

Les régions seront plus à même qu'une administration centrale d'organiser et de contrôler cette vaste affaire des apprentissages, surtout pour les professions proches de la nature.

S'il est un scandale où se prouve la faillite de l'Éducation nationale, c'est qu'il y ait en France près de trois millions de chômeurs, alors que la métallurgie cherche, sans pouvoir les trouver, quatre cent mille ouvriers qualifiés, que le bâtiment est dans la même situation à hauteur de quatre-vingt mille emplois et que, dans l'artisanat, cette pénurie est générale.

N'en accusons pas uniquement ceux, parmi les « demandeurs d'emploi » – encore un doux euphémisme –, qui sont surtout des « demandeurs d'assistances » et préfèrent celles-ci, généreusement cumulées, au revenu équivalent que leur procurerait un labeur. Ils existent, certes ; mais combien d'autres sont simplement victimes de l'incapacité de l'État, depuis des décennies, à les préparer utilement à une profession [1] !

1. Les Français savent-ils ce que coûte à la communauté nationale l'éducation de chacun de leurs enfants ? On a calculé il y a dix ans – les chiffres doivent donc être en augmentation – que chaque année d'école maternelle revenait à 16 000 francs, d'enseignement primaire à 19 000, de collège 32 000, et de lycéen ou d'étudiant à 41 000. Au total, en gros, la nation faisait alors une dépense de plus d'un million de francs par futur citoyen. On est en droit d'espérer qu'un tel investissement soit un peu plus productif. Qu'on me pardonne de prendre le langage du commerce, mais le rapport qualité-prix est vraiment décevant.

L'affaire n'est pas seulement administrative ; elle est morale. Pourra-t-on créer un état d'esprit qui pose en principe qu'il n'y a pas de hiérarchie entre les métiers, mais seulement à l'intérieur des métiers ? Tous les premiers, en toutes professions, sont égaux. Un premier tailleur de pierres vaut autant qu'un prix Goncourt et mérite d'être également considéré. Un excellent menuisier mérite plus d'estime qu'un médiocre avocat. Voyez comme, au Japon, l'architecte salue le jardinier plantant ses chrysanthèmes !

De même, et cela dépend en grande partie de l'enseignement, parviendra-t-on à réapprendre que « l'épanouissement de la personne humaine » – tiens, il y a quelque temps que les politiciens ne nous servent plus cette cheville de la langue de bois ! – ne dépend pas d'une « ascension sociale », mais du plus parfait exercice, pour chacun, de ses capacités ? Convenir à son destin : c'est là que l'on peut trouver la justification d'être, et cette relative satisfaction quotidienne qu'on appelle le bonheur. Vérités rabâchées ! me dira-t-on. Sans doute pas assez, puisque nous voyons tant de nos semblables vivre et vieillir dans le mécontentement d'eux-mêmes et des autres.

L'humanité découvre l'intime structure de la cellule et des étoiles invisibles ; mais elle n'a accompli aucun progrès moral depuis Zénon de Kition, Épictète et Marc Aurèle.

*

Les enseignements supérieurs relèvent-ils de la diététique, de la chirurgie réparatrice, ou de la cardiologie ? On nous avait dit, voici trente ans, que les vieilles universités étaient mortes. Apparemment pas. Mais elles sont obèses, avec toutes les séquelles que cette infirmité entraîne.

Du même mouvement démagogique qui avait fait supprimer toute barrière entre le primaire et le secondaire, on a démonté les portes de l'enseignement supérieur. Tous les bacheliers dont le niveau, pour la plupart, n'atteint pas celui de l'ancien brevet, ont le droit d'encombrer gratuitement les amphithéâtres. Certains y restent jusqu'à trente-cinq ans. Profession : étudiant. Un grand nombre n'en sort que pour grossir la triste catégorie des « chômeurs diplômés ».

Il est significatif qu'une discipline, qui n'était jadis que la parente pauvre de la philosophie, ait fait florès : la psychologie. Elle recueille une jeunesse qui semble n'avoir de vocation ni de capacités pour rien. Je sais bien que dès que trois voitures se carambolent, que le feu prend dans les détritus d'une cave ou qu'un braqueur a dévalisé un bureau de poste, on fournit aussitôt, non seulement aux victimes, mais à leurs familles et même aux témoins, un « soutien psychologique » ; mais a-t-on un besoin réel de tant de spécialistes de l'âme ou cherche-t-on à leur trouver un emploi ? Des jeunes filles qui auront pendant trois ans rédigé des copies de « psycho » fleuries de fautes d'orthographe se retrouveront serveuses de restaurant. Elles auraient mieux fait de se diriger tout de suite vers une école hôtelière.

Puisque les universités d'État, ruineuses pour la collectivité, donnent de si mauvais résultats, peut-être est-il temps d'en changer la formule. Elles furent longtemps des modèles ; elles ne le sont plus. Alors, mettons notre vanité de côté, et acceptons d'aller prendre ailleurs nos modèles.

Quel que soit notre antiaméricanisme culturel, ou notre irritation devant la prééminence universelle de l'anglais, reconnaissons la réussite du système américain, et inspirons-nous-en. Quand je parcours Boston, la plus grande ville universitaire du monde, qui abrite Harvard,

M.I.T., Boston University et soixante autres, avec chacune plusieurs milliers d'étudiants, je me prends à rêver. Il en sort chaque année des cerveaux qui seront dominants ou dirigeants en toutes sciences, tous arts, toutes disciplines littéraires, toutes technologies d'avant-garde, toutes stratégies de gestion.

Les universités américaines sont autonomes et indépendantes. Les études y sont payantes, mais les bourses y sont nombreuses. Elles attirent, elles recrutent leurs élèves et leurs maîtres dans le monde entier. Elles sont soutenues par le secteur privé, qui leur est redevable de ses succès et qui y puise ses cadres. Pourquoi ne tenterions-nous pas d'adopter et d'adapter les mêmes procédés ?

Faire de nos universités des institutions libres, qui se géreraient elles-mêmes, des universités entre lesquelles s'établirait une concurrence et dont les diplômes auraient la valeur de leurs réputations respectives, des universités ouvertes aux dizaines de milliers d'étudiants étrangers qui désirent accomplir leur formation supérieure en France mais auxquels on refuse, scandaleusement, des visas : voilà qui ne serait certes pas une petite entreprise. Mais c'est peut-être le seul moyen de mettre la France en phase avec ce phénomène mal défini mais qui s'impose à nous : la mondialisation, terme si souvent mal employé et mal compris. Toutes choses tendent à devenir communes à l'humanité entière [1].

L'État ne retiendrait, en gestion directe, que les Grandes Écoles où il forme ses propres élites, et qui n'ont pas failli.

Veuillons nous rendre compte que nous vivons les débuts d'une grande mutation de l'espèce. Nous ne savons pas si nous sommes dans un Moyen Âge, une protohistoire ou une préhistoire. Mais nous savons que dans mille ans l'homme ne sera plus le même. L'extension de ses connaissances et de ses pouvoirs, ses capacités d'intervention sur ses propres organes, ses modes accélérés de communication l'auront modifié, sinon morphologiquement, en tout cas mentalement. L'écriture manuelle aura sans doute disparu ; ceux qui l'utiliseront encore seront des sortes d'archéologues. L'écriture sera seulement « digitale » si même elle n'est pas

1. Je retiens cette définition de Thierry de Montbrial : « La mondialisation n'est rien d'autre que la tendance, pour toutes les unités actives de la planète (États, entreprises, associations, organisations légales ou illégales, etc.), à opérer à une échelle géographique de plus en plus étendue. »

devenue une transcription électronique de la voix. Et tout à l'avenant.

Cette mutation ne se fera pas sans d'immenses difficultés, des résistances, des heurts, des angoisses. Il faut mettre les jeunes générations en état d'affronter et de maîtriser l'inconnu en leur fournissant, non seulement un maximum de savoirs, mais des méthodes d'utilisation des savoirs, et en poussant à la formation, par la sélection, d'une nombreuse aristocratie de l'esprit et de l'action.

L'Ordonnance sur les enseignements, parce qu'elle touche à tous les secteurs de la vie publique, mais aussi parce qu'elle suppose un grand effort d'anticipation, serait certainement l'une des plus difficiles à établir. Mais trois douzaines de bonnes têtes, juridiques, administratives, scientifiques et humanistes – en excluant tout « didacticien » mais en faisant appel à quelques grandes autorités du secteur des entreprises –, travaillant avec ardeur pendant trois mois à partir d'un schéma général, devraient y arriver.

Et vous verriez comme la France reprendrait confiance en sa durée !

ORDONNANCE N° 4

SUR LA JUSTICE

Revenons, une fois de plus, aux principes fondamentaux.

La justice est le premier des attributs régaliens. Elle est même la raison d'être du pouvoir. Celui-ci répond à la nécessité, entre des individus qui se considèrent tous comme prioritaires et dont chacun voudrait tout pour soi, mais qui ne peuvent subsister les uns sans les autres, d'instituer un organe souverain qui arbitre leurs différends particuliers et châtie les actions nuisibles à leur communauté. C'est cette nécessité qui a conduit les sociétés, dès l'origine, à se donner ou à accepter des chefs, des rois, des gouvernements.

L'indépendance des juges est une conquête, non pas de la démocratie, mais de la morale, afin que les sentences, arrêts, condamnations ne soient pas affectés par les intérêts, les amitiés ou les ressentiments du détenteur du pouvoir souverain.

Mais pour que l'impartialité et la sérénité du juge soient crédibles, encore faut-il que celui-ci ne puisse être influencé, ni même soupçonné de l'être, par aucune préférence, de quelque nature qu'elle soit. La confiance qu'on lui accorde est à ce prix. Or quelle confiance peut-on faire à un juge qui se déclare ouvertement pour tel ou tel parti, ou telle idéologie ?

Parviendrait-il, ce qui n'est pas toujours le cas, à faire abstraction de ses appartenances, il perd le respect dû à son jugement. Il est fréquent d'entendre : « J'ai été jugé par un juge de gauche. » Autrement dit : « J'ai été mal jugé. »

De ce point de vue, la justice française est en pleine dérive ; pis, en pleine dégénérescence. Depuis quelques décennies, elle est politisée. Ce sont les marxistes qui, à tous niveaux et à partir des écoles de magistrats, en sont responsables.

Faut-il que les Français soient devenus mous, faut-il que les luttes partisanes les aient décervelés et privés de toute faculté d'indignation pour ne pas avoir crié au scandale lorsque s'est constitué un syndicat de magistrats se proclamant « de gauche » et prenant des positions publiques ouvertement hostiles au gouvernement de la République !

En face de quoi, s'est formé un syndicat « de droite », la presse ne manquant jamais de les désigner de la sorte. Il est plus que temps de faire le ménage dans la maison.

Si la fonction de juger a été détachée des fonctions de l'exécutif, c'est pour la préserver des influences politiques ; ce n'est pas pour que celles-ci reparaissent par la fantaisie des juges eux-mêmes.

L'ordonnance à prendre disposera, non seulement que « *les magistrats ne seront représentés auprès du gouvernement que par un seul organisme professionnel sans aucune attache politique* », mais également qu'« *il est interdit aux magistrats d'adhérer à aucun parti* ».

Cela est la condition première de la restauration de l'institution judiciaire.

Il y a des isoloirs dans les bureaux de vote pour que chacun, les juges comme les autres, exprime son choix dans le secret.

La deuxième disposition concernera *le parquet*, c'est-à-dire cette partie des magistrats affectés à requérir, au nom de la société, l'application des peines.

On se doit de rappeler que les juges ne sont ni

élus, ni responsables, mais nommés et rétribués par l'État. Ceux du parquet, pas plus que les autres, n'ont à faire la loi, mais à requérir en son nom et veiller à son exacte application.

Ils ne sont pas détenteurs du pouvoir ; celui qu'ils exercent n'est qu'une délégation. Le général de Gaulle, qui avait le sens des mots, ne parlait jamais du « pouvoir judiciaire » mais de « l'autorité judiciaire ».

Le parquet doit donc dépendre du pouvoir élu, dont les instructions lui sont transmises par voie hiérarchique. Sinon, pourquoi y aurait-il besoin d'un garde des Sceaux ? Si l'indépendance des juges du siège, dans leurs jugements, est une garantie pour le citoyen, l'indépendance des parquets serait la garantie du désordre dans l'État. Ce qui est exactement en train de se produire. Chaque procureur n'a pas à inventer sa doctrine, ni à rendre ses avis en contradiction avec l'autorité supérieure. Le procureur n'est pas le souverain.

Il y aura même tout avantage à opérer « une séparation totale des fonctions de poursuite et de jugement » [1], c'est-à-dire à disjoindre le siège

1. On s'appuiera sur la remarquable étude publiée dans *Le Figaro* du 8-10-2001 par Jean-François Burgelin, procureur général à la Cour de cassation, et Paul Lombard, avocat à la Cour. Clair, lucide, novateur et mesuré, ce plan de réforme de notre système judiciaire pourrait utilement servir à préparer la médication.

du parquet comme il en va dans la plupart des démocraties modernes. Les magistrats ne passeront plus de l'un à l'autre, au long de leur carrière, ce qui reste une exception de notre pays. Le parquet formera un corps particulier. Et tout le monde s'en trouvera mieux.

La troisième disposition visera l'*instruction*. Celle-ci est devenue un objet permanent de scandale.

Et d'abord le *secret* qui est censé l'entourer n'existe plus. Les interrogatoires sont-ils des entretiens de juge à prévenu, dans le silence d'un cabinet, ou des conférences de presse ? Les juges d'instruction pourraient aussi bien tenir leur office sur les marches du palais de justice, entourés de journalistes. Tout ce qui se dit dans leur bureau est imprimé le lendemain dans tous les journaux, commenté par tous les micros et sur tous les écrans.

Les « affaires » sont devenues des feuilletons à épisodes où, pendant trois mois, six mois, deux ans, l'honneur d'un homme est livré en pâture au public, dans des colonnes hypocritement rédigées au conditionnel.

La présomption d'innocence est remplacée par la présomption de culpabilité. Le journaliste dit « d'investigation » semble prononcer la sentence d'avance, et conditionne l'opinion. Et puis le jour où il faut passer à l'indicatif, parce qu'un non-lieu a été prononcé, le gros titre disparaît et la nouvelle ne fait plus l'objet que d'une information en quatre lignes.

On objectera qu'en notre temps de duplicateurs, d'écouteurs, d'enregistreurs, et tous procédés de communication immédiate, aucun secret d'instruction ne peut plus être gardé, et que les sanctions, pour viol de ce secret, sont impraticables. Mais si, elles sont possibles. Seulement, ce n'est pas à la source qu'il faut frapper, c'est à l'embouchure, au déversoir. Si toute divulgation concernant une instruction en cours était frappée d'une amende d'un million de francs, les journalistes fouille-poubelles et leurs informateurs plus ou moins bénévoles seraient vite ramenés au silence.

Quel est donc le sage chinois qui disait : « Quand les plus petits délits sont punis des peines les plus lourdes, tout le monde obéit aux lois » ? Cette maxime pourrait fort utilement s'employer pour les affaires judiciaires elles-mêmes.

Les journalistes hurleront qu'on porte atteinte au « droit à l'information », qui n'existe d'ailleurs que de leur propre décret. Mais lorsque la justice leur demande de révéler leurs sources, ils se drapent dans une dignité offensée et mettent en avant le secret professionnel, alors qu'ils violent à longueur de temps le secret de l'instruction.

C'est cette presse-là qui a fait des magistrats d'instruction des vedettes. Ils et elles se voient tous le glaive à la main, circulant dans les airs comme la justice poursuivant le crime. En outre, beaucoup sont visiblement inspirés par « la justice de classe ».

Un « préjugé », au sens étymologique du terme, pèse sur l'homme fortuné ou qui occupe en quelque domaine que ce soit une situation dominante. Le juge « de gauche » déteste la réussite, surtout si elle est financière. Pour lui, le succès ne peut pas être honnête. Le détournement de fonds publics ou l'abus de biens sociaux sont brandis devant la moindre incertitude comptable. D'où l'abus de la détention préventive. Alors que des milliers de flagrants délits ne font l'objet d'aucune poursuite, le président-directeur général sera maintenu en prison durant des semaines et même des mois, pour permettre « la manifestation de la vérité ». Si c'est un ancien ministre, quelle aubaine ! Les limites du tolérable sont franchies quand des magistrats enquêteurs s'estiment habilités à apprécier les décisions des plus hauts fonctionnaires prises dans l'exercice de leur charge, et à les instruire comme s'il s'agissait d'une extorsion de fonds. Il faut ramener ces juges-là à plus de modestie.

Devrait, d'autre part, être interdite dans une instruction, toute prise en compte d'une dénonciation anonyme. Or, c'est parfois à partir de tels actes infâmes qu'une procédure vient à être engagée. Quelle immoralité ! Si le délateur n'a pas le courage d'assumer son dire et d'être confronté à celui qu'il accuse, alors on doit tenir ses allégations pour inexistantes. Nous avons trop souffert de la délation, pendant l'Occupation, pour admettre que ces mœurs aient pu se prolonger. Ce n'est que dans le cas où une démarche anonyme dénonce un attentat en préparation, ou une menace physique contre une personne, qu'elle doit être prise en considération, pour raisons de sécurité.

Le remède à tant de dysfonctionnements sera trouvé dans « la fusion de l'instruction et du parquet », pour reprendre l'expression des auteurs auxquels nous avons fait référence plus haut. Le juge d'instruction cessera d'être dans la situation ambiguë et incontrôlable que lui donne son statut de juridiction particulière. La société comme le citoyen trouveront également profit à ce que poursuite et enquête dépendent du même corps judiciaire.

La quatrième disposition de l'ordonnance portera sur les *remèdes à apporter à la lenteur de la justice.*

Les citoyens se plaignent de toute part des délais interminables auxquels sont soumis les procès. Le moindre litige s'étire sur des années. Les tribunaux succombent sous le nombre des affaires qu'ils ont à traiter. Même la Cour de cassation, magistrature exemplaire, ne parvient pas, malgré tous ses efforts, à résister à l'étouffement sous tant de différends qui remontent vers elle et sur lesquels elle doit rendre des décisions qui feront jurisprudence.

Alors que tout s'accélère partout dans l'univers, la justice française, elle, va à un train de tortue. Nous savons qu'il faut du temps aux magistrats pour juger sereinement. Mais ce n'est plus de la sérénité ; c'est de la léthargie. Et il est bien évident que cette quasi-paralysie de la justice est préjudiciable à toute la vie nationale.

Est-ce la faute des méthodes ou est-ce à cause du manque de personnel ? Les deux sans doute. Mais le second problème pourra être plus rapidement résolu que le premier. Nous n'avons pas suffisamment de greffiers ? Il faut en former à suffisance, et non pas en augmentant encore le nombre des emplois publics, mais en les prenant parmi les fonctionnaires excédentaires dans maints autres ministères et services. Et s'il y a pénurie de magistrats, il faut recourir plus largement qu'on ne le fait au « recrutement latéral » parmi les membres des autres professions judiciaires. Il y a pléthore d'avocats dont beaucoup végètent. Combien auraient avantage à se convertir dans la magistrature à la double condition qu'ils présentent les qualités requises, et que les traitements des magistrats soient plus honorables.

Il est difficile, d'autre part, alors que les activités humaines sont de plus en plus diversifiées et mondialisées, de demander à un juge d'avoir des compétences en tous domaines. Nul n'est omniscient.

Si le seul terme de tribunaux d'exception est en soi détestable, en revanche la création de *tribunaux spécialisés* serait bienvenue. Prenons l'exemple le plus évident. Comment bien juger, qu'il s'agisse de litiges ou de délits, des affaires concernant les grandes entreprises industrielles et financières si l'on n'est pas parfaitement instruit des règles de leur gestion, du fonctionnement des marchés et de la manière dont les opérations s'y conduisent dans la concurrence internationale ? Les taux de rémunération de leurs dirigeants paraissent gigantesques, monstrueux, immoraux par comparaison à ceux pratiqués pour les fonctionnaires. Mais les compare-t-on à ceux dont bénéficient leurs partenaires étrangers ?

Une autre disposition ne devrait pas être indifférente : celle qui concerne *la situation sociale des magistrats.*

Autrefois, le juge était un personnage respecté et important dans la ville où il exerçait. Aujourd'hui, à moins d'être président de Cour d'appel ou procureur général, est-il entouré de la même considération ? On entend souvent employer l'expression « petit juge » qui est inacceptable.

Les magistrats de naguère appartenaient, pour la plupart, à une bourgeoisie aisée. Comme le diplomate, comme l'officier, ils disposaient généralement de quelques bonnes rentes, et la rémunération qu'ils recevaient pour leur office n'était qu'un complément de leurs revenus. La fiscalité a éliminé cette classe-là.

L'État ne donne pas au juge les moyens de tenir son rang, alors qu'il incarne cette part de l'autorité souveraine qui lui est déléguée. Il lui est impossible d'avoir le logis ni le train de vie correspondant à sa fonction, et au respect qu'on lui doit.

Son traitement est bas, et je doute qu'il ait des « primes », s'il en a, à la mesure de celles dont bénéficient les fonctionnaires des Finances.

Les obligations de service qui lui sont imposées, les qualités d'esprit et de caractère qui lui sont réclamées, l'abnégation dont il doit faire preuve justifient pleinement que sa situation matérielle soit sérieusement relevée, et sans qu'on ait à se soucier de la fameuse « grille des salaires » dans la fonction publique.

Restent encore deux points d'ordre général sur lesquels l'ordonnance devrait rétablir le bon exercice de la justice.

Le premier est l'affirmation absolue de *la non-rétroactivité de la loi.* Aucun acte ne peut être poursuivi ou sanctionné s'il a été commis avant qu'une mesure législative l'ait désigné comme crime ou délit. Or ce principe fondamental est parfois transgressé ou contourné, notamment en matière fiscale.

Le deuxième point vise à la *suppression de l'imprescriptibilité* de certains crimes. Cette imprescriptibilité est liée à la notion nouvelle de « crime contre l'humanité », invention de circonstance formulée dans les procès consécutifs à la

Deuxième Guerre mondiale et aux monstruosités qui y avaient été perpétrées.

Mais la notion est vague, si vague que la justice française en a modifié à plusieurs reprises la définition. Son application est entièrement soumise à « l'appréciation » d'un tribunal ou d'un jury, et il peut arriver, comme on l'a vu dans le procès Papon, que ceux-ci soient composés de gens qui n'étaient pas nés au moment des faits incriminés, qui n'ont aucun souvenir ni aucune connaissance de la situation historique et sociale au temps où ces faits ont ou auraient eu lieu, et qui donc sont dépourvus des moyens de les « apprécier ».

En outre, cette « imprescriptibilité » constitue un précédent dangereux, car elle peut induire à l'appliquer en d'autres domaines. La notion de « crimes de guerre » était plus solide.

Enfin, il est une disposition à prendre qui implique une *révision de nos accords européens*.

Alors qu'il n'y a pas de pouvoir exécutif européen auquel nous serions en mesure de transmettre tout ou partie de notre souveraineté judiciaire, nous avons accepté, de manière irréfléchie, que soient constitués des tribunaux communautaires dont les décisions peuvent casser celles des tribunaux français, et auprès desquels les recours sont devenus de plus en plus nombreux et quasiment habituels.

N'importe quel plaignant, et pour n'importe quel litige, qui n'est pas satisfait du jugement rendu à son encontre, se porte devant la Cour de Strasbourg comme devant une instance d'appel de nos propres Cours d'appel, voire de notre Cour de cassation. Nos juges vivent avec cette épée de Damoclès suspendue sur leurs arrêts. Les procédures en sont compliquées et ralenties. Comment avons-nous pu nous laisser entraver à ce point ?

La justice, on ne le répétera jamais assez, est l'attribut régalien premier et fondamental. C'était donc le dernier dont il fallait se dessaisir.

Le jour où il existera une autorité exécutive confédérale, dûment constituée et issue du consentement des peuples, alors il sera temps de fixer ce que nous cédons, et ce que nous retenons, de notre pouvoir justicier.

Mais jusque-là, la situation exige que nous reprenions, unilatéralement, notre indépendance quant à nos tribunaux.

Les partenaires hurleront. Et alors ? Ils ont hurlé quand de Gaulle a soustrait nos armées au commandement intégré de l'O.T.A.N. ; et qu'est-il arrivé ?

*

Il est impossible de traiter de la justice sans traiter du système pénal.

Le nôtre doit être mauvais puisque, chaque année, les statistiques publiées nous annoncent une croissance continue de la délinquance et du crime.

Les vols, hold-up, braquages et prises d'otages se multiplient. Le commerçant redoute d'être à tout moment dévalisé. Des cambrioleurs fort bien organisés vident les châteaux historiques ou ligotent les occupants des immeubles pour rafler leurs bijoux et leur argenterie. Des bandes malfaisantes, qui recrutent jusqu'à des enfants, terrorisent la population. Les voitures qui ne sont pas volées sont incendiées. Les trains et tous transports publics sont le théâtre quotidien d'agressions. Le trafic des drogues prolifère, les viols collectifs sont pratique courante. Et il est des quartiers urbains où même les policiers ne sauraient s'aventurer sans courir des risques extrêmes.

L'insécurité est générale. Pouvons-nous encore nous dire une société civilisée ? La civilisation recule quand la justice est infirme.

Laissons aux chiffres leur pouvoir démonstratif. Ceux de 1999, publiés à la mi-2001, ont leur éloquence propre.

Quatre millions et demi de plaintes et procès-verbaux ont été examinés par les procureurs. Ce qui signifie, sans forcer, qu'un habitant de la France sur dix a été victime d'un acte délictueux, car nombre d'atteintes aux biens et aux personnes n'ont pas été déclarées, ni n'ont donné lieu à un dépôt de plainte.

Sur ces quatre millions et demi d'infractions connues, 70 % n'ont pas été traitées, soit parce que l'auteur des faits n'a pas pu être retrouvé, soit parce que les charges ont paru insuffisantes. La déclaration d'un vol de sac ou de portefeuille n'est accueillie dans les commissariats que par un haussement d'épaules.

« Si on le retrouve, on vous le dira. Mais le voleur, n'y comptez pas. » Un cambriolage ? « C'est le sixième qu'on vient nous déclarer depuis ce matin ! On ne peut pas être partout. »

Sur les 30 % d'affaires restantes, 400 000 ont été classées sans suite, parce que les procureurs, ayant le pouvoir d'apprécier l'opportunité des poursuites, ont estimé qu'il s'agissait d'infractions « peu graves ». Ce qui est manière de ne pas submerger les tribunaux plus qu'ils ne le sont.

Pour la même raison, 120 000 affaires ont fait l'objet de « procédures alternatives aux poursuites ». Celles-ci s'égrènent en « rappel à la loi », c'est-à-dire une simple admonestation, « réparation du dommage », « orientation vers une structure sanitaire, sociale ou professionnelle », ou encore une « médiation pénale » qui ramène le délit à un litige réglé par arbitrage, et enfin, « composition pénale » où une simple amende évite au coupable le passage devant le tribunal. En tout cela, la sanction s'amenuise ou disparaît, ce qui provoque un sentiment *d'injustice* chez la victime et, chez le délinquant, un sentiment d'*impunité* qui l'encourage à la récidive.

Une étude sociologique sérieuse a établi que « l'idée que les adolescents se font de la gravité de leurs délits est en partie proportionnelle au poids de la sanction qu'ils encourent ». Ce qui explique que la délinquance devienne habitude dans des couches de population de plus en plus jeunes. Chapardage, racket scolaire, brutalités : la démission parentale, la démission de l'enseignement en sont assurément responsables ; mais la démission de l'État aussi.

Ajoutons que, faute de temps et de moyens chez les magistrats, faute de place dans les prisons, la plupart des peines de moins de six mois ne sont pas exécutées.

Par un étrange illogisme, plus les délits sont nombreux et plus la justice devient clémente, voire débonnaire. Même attitude envers le crime. Il faut aux tribunaux bien préciser, en de rares cas, que la peine est « incompressible » pour que les condamnés l'accomplissent jusqu'au bout. Autrefois, la réduction des peines se faisait par voie de grâce. Aujourd'hui, elle est quasiment automatique. Alors, à quoi bon fixer aux peines des durées dont on sait que les condamnés n'accompliront que la moitié ?

Alors que la grande criminalité prolifère, il n'est question que « d'humaniser l'univers carcéral ». Cette obsession ne date pas d'hier, je veux dire des gouvernements socialistes qui se succèdent depuis vingt ans. Elle remonte au temps de Giscard d'Estaing qui avait des peines cette curieuse conception qui a fait école : « La prison, c'est la privation de la liberté d'aller et venir, et rien d'autre. » Les meurtriers ont droit au confort.

Les « permissions », comme si la prison n'était qu'une caserne, sont largement accordées, pour « bonne conduite ». Il n'est pas rare que ces doux permissionnaires commettent un autre crime durant leur sortie. Le vieux terme de « repris de justice » n'a plus de sens. C'est de « relâché de justice » qu'il faudrait parler.

Ne nous perdons pas en discussions vaines pour rechercher des solutions mineures à cet état de choses. Ne réunissons pas des « colloques » de criminologues et de psychologues. Devant une situation d'urgence, n'attendons pas la lumière de débats télévisés toujours confus.

Allons droit à la question fondamentale.

Depuis qu'on a supprimé la peine de mort, tout le système pénal est décalé. Elle en était la clef de voûte. On la lui a ôtée ; il s'effondre.

Je sais que j'aborde là le problème le plus difficile, le plus sensible, celui qui provoque les réactions les plus émotives et les débats rationnels les plus graves. Je sais les indignations que je vais susciter de la part de consciences fort sincères, adversaires convaincues de la peine capitale ; je sais quels reproches me seront adressés. Nous sommes sur un terrain à la fois philosophique et passionnel. Mais rien ne saurait me détourner d'exprimer ce que j'estime être une vérité salutaire.

Observons d'abord que, dans l'opinion française, le terme de peine de mort se confond avec celui de guillotine. L'image de cette horrible machine, qui termina de manière sinistre le siècle des Lumières et qui, tranchant la tête d'un roi débonnaire, trancha aussi la continuité de l'histoire de France, nous brouille le jugement. Tous ceux qui l'ont vue fonctionner, Tolstoï n'est pas des moindres, en ont été écœurés, révulsés, horrifiés.

C'est la motivation première, et avouée, du ministre de la Justice qui fit voter par le Parlement la loi d'abolition. Il avait dû, comme avocat, accompagner un condamné à l'échafaud, et était resté obsédé par l'atroce vision « d'un homme coupé en deux ». La motivation, si respectable soit-elle, est un peu subjective ; et elle fait confusion entre le principe de la peine et son mode d'exécution.

D'autre part, le même ministre[1] s'est honoré d'avoir fait prendre cette mesure législative alors que l'opinion publique, autant qu'on pouvait l'évaluer, semblait majoritairement non abolitionniste.

Et là, je me demande s'il n'y a pas une sorte de détournement moral. S'il était une loi qui

1. M. Robert Badinter, pour lequel mon estime personnelle est indépendante de ce débat.

devait être soumise à référendum, c'était bien celle-là. La justice appartient au souverain. Le peuple devait donc, en son ensemble, se prononcer directement sur un sujet aussi hautement institutionnel, par son essence même.

Une majorité parlementaire s'est substituée à la conscience de chaque citoyen. Je ne méconnais pas que beaucoup se sentirent soulagés ; on les dispensait d'assumer la responsabilité.

Ce faisant, on a totalement oublié l'axiome aussi vieux que les sociétés humaines : « *Celui qui enfreint les impératifs sacrés de la cité doit en être exclu.* »

Le citant un jour à Raymond Aron, alors que nous nous entretenions de ce gravissime sujet, il me répondit : « C'est le seul argument en faveur du maintien qui ne soit pas réfutable. »

J'ai dit à l'instant : aussi vieux que les plus vieilles sociétés.

Si Romulus tua son frère Remus, ce n'est pas parce que ce dernier s'était moqué de lui, c'est parce qu'il avait sauté par-dessus le fossé qui traçait l'enceinte *sacrée* de la future ville, pour montrer symboliquement qu'elle n'était pas invulnérable.

On me répondra en souriant que je prends mes références un peu loin. C'est oublier combien notre droit descend directement du droit romain.

Mais ai-je une chance d'être compris ? Le sentiment du sacré a déserté notre société. La patrie n'est plus sacrée ; le terme même paraît désuet. Il en va autant de l'engagement du mariage et du lien familial. L'honneur, le devoir ont cessé d'être des notions sacrées.

Du coup, l'homicide, l'attentat ont perdu leur caractère impie, et le châtiment suprême n'est plus marqué du sceau terrible du sacré.

Songe-t-on que la peine capitale attestait la valeur sacrée de la vie d'autrui ?

En la retirant de l'arsenal des lois, c'est la justice qu'on a décapitée.

Toutes les peines, de ce fait, sont dévaluées. La réclusion à perpétuité devenant le châtiment du pire crime – et l'on sait combien l'habitude s'est prise qu'elle ne s'accomplisse plus jusqu'au bout –, toutes les autres peines sont réduites à proportion ; et la délinquance prolifère parce que le crime, d'une certaine manière, est protégé.

En fait, on privilégie la vie de l'individu par rapport à celle de la société. On fait jouer le commandement « Tu ne tueras point » au profit de celui qui l'a violé.

Voyez donc ce qui se passe. Si un policier est abattu ou écrasé par un gangster, le ministre viendra épingler une croix posthume sur son cercueil. Si c'est le malandrin qui est abattu par le policier, celui-ci est mis aussitôt en garde à vue. Le quartier où habitait l'escarpe se met en état d'émeute ; et l'on parlera au mieux d'une « bavure ».

Comment veut-on que les agents de l'ordre public, dont la vie est sans cesse exposée, ne se sentent pas les mal-aimés de la société qu'ils sont chargés de défendre, alors que le criminel ne court pas le même risque qu'eux ?

Le malheureux commerçant qu'on dévalise doit attendre d'avoir reçu une balle ou un coup de couteau pour avoir le droit de tirer sur son agresseur. Autrement il est immédiatement accusé d'homicide et incarcéré.

Il semble que se soit établi, parallèlement au droit pénal, une sorte de droit du criminel. Il en naîtra un jour des drames collectifs. Le sentiment d'insécurité ne saurait durer toujours.

Nous devons de plus, aujourd'hui, tenir compte d'une gravissime modification de la situation internationale du crime.

La première date mémorable du XXIe siècle restera à jamais celle du 11 septembre 2001, et de l'attentat perpétré contre les deux plus hautes tours de Manhattan, faisant en quelques instants près de 3 000 victimes.

Par le montage de l'opération comme par l'ampleur de la destruction, le terrorisme ce jour-là a changé de dimension, et nous oblige à réfléchir tout ensemble sur nos dispositions stratégiques et notre système judiciaire.

Déjà, en 1978, j'avais déclaré devant l'Assemblée nationale : « Quand des tueurs anonymes, remarquablement équipés et organisés, transforment les ambassades en champs de bataille, déposent leurs bombes aveugles dans des magasins et des lieux publics pour tuer des citoyens par dizaines et répandre la panique dans nos cités, ceux-là va-t-on faire qu'ils ne soient plus passibles du châtiment suprême ? Ces meurtriers, affiliés à des bandes séparatistes, ou aux réseaux du terrorisme international, auront-ils, quoi qu'ils aient fait, la vie sauve ? S'il devait en être ainsi, alors décrétons tout de suite qu'en cas de guerre, il est désormais interdit de tirer sur l'ennemi »[1].

Je ne me savais pas si bon prophète.

En quelque vingt-cinq ans, le terrorisme n'a cessé de croître jusqu'à prendre les proportions

1. Débat sans vote. Séance du 6 juin 1978.

qu'on sait. Nous sommes entrés dans le temps de la mondialisation du crime. Les chefs du terrorisme recrutent sur toute la planète dans les réserves du fanatisme. Ils ont des agents partout tapis, prêts à semer la terreur et répandre le sang. Ils montent des opérations de guerre avec toutes les ressources de la technologie de destruction. Ils se servent déjà des armes bactériologiques et s'apprêtent à se servir d'armes nucléaires. Ils obligent les plus grandes puissances à monter des opérations militaires qui vont coûter la vie de nombreux soldats et d'encore plus nombreuses populations civiles. Et nous, nous avons supprimé la peine de mort.

La barbarie ne s'installe jamais qu'avec la complicité de civilisés fatigués.

*

La question devra être posée au peuple, car ce n'est pas une ordonnance qui peut en décider. Mais ce que pourra l'Ordonnance sur la justice, c'est d'organiser une consultation référendaire avec le plus de solennité possible.

Ou bien la réponse sera pour le rétablissement de la peine capitale, et il aura fallu prévoir son mode d'exécution plus proche de la ciguë de

Socrate que de la potence de jadis ou du tranchet républicain. Nous avons assez de méthodes et de produits anesthésiants pour procurer au criminel une euthanasie décente.

Restera toujours le droit de grâce. Office terrible qui revient à celui que le peuple a désigné pour exercer la souveraineté en son nom, mais qui confirme la majesté de la charge, lui confère son caractère proche du sacré, et qui justifie son appellation de magistrature suprême.

Ou bien la réponse sera pour le maintien de l'abolition.

Il faudra savoir alors que faire des condamnés pour crimes inexpiables.

Je reviens au principe initial. Il s'agit d'exclure de la cité celui qui en a enfreint les impératifs absolus. L'enfermement dans une prison n'est pas une exclusion ; c'est une réclusion à l'intérieur de la société, une longue cruauté porteuse de tous les risques pour l'environnement carcéral.

Je suggérerais la remise en vigueur de la relégation. Pas celle du type du bagne de Cayenne dont toutes les descriptions affreuses qu'on nous en a faites nous ont inspiré la répulsion.

Imaginons plutôt, sur quelque océan, un espace insulaire et lointain, de climat supportable, entouré de tous les procédés techniques de surveillance interdisant l'évasion, et où les grands criminels, éventuellement de plusieurs pays, seraient envoyés. Ils y vivraient, libres de leurs mouvements, à l'intérieur de limites infranchissables. Ils participeraient à leur propre subsistance en cultivant la terre, et en accomplissant les travaux simples nécessaires à leur entretien. Ils feraient leur propre police interne. Leur châtiment serait d'avoir à vivre ensemble. Et ils assureraient sur place leurs propres funérailles. Pour la cité, ils auraient, dès leur condamnation, cessé d'exister.

Ce n'est pas de gaieté de cœur que j'ai traité de ce sujet, et si longuement. Il vous rend l'âme lourde. Mais il est impossible de l'ignorer, si l'on veut rendre santé à la Nation.

ORDONNANCE N° 5

SUR LA LÉGISLATION DU TRAVAIL

On se rappelle la célèbre apostrophe du président Georges Pompidou, un jour qu'on venait lui proposer je ne sais quel train de mesures réglementaires : « Mais cessez donc d'emm... les Français ! »

Cet homme d'État, qui n'était pas un « énarque » mais un littéraire passé par la finance, et qui possédait, en même temps qu'un bon sens terrien, une solide connaissance de la nature humaine, voulait avant tout la prospérité de la France, parce que c'est dans une prospérité générale que les gens ont le plus de chances de se sentir relativement heureux. Et il souhaitait que l'on imposât le moins de contraintes administratives au labeur, contraintes qui font obstacle, précisément, à cette prospérité.

Hélas, depuis sa disparition prématurée qui

restera un des grands malheurs de notre pays, les choses n'ont fait qu'aller dans le sens contraire, au point qu'aujourd'hui la législation du travail est devenue plus qu'un maquis, une forêt de lianes entrelacées qui paralysent tout mouvement, tout progrès, et où le malheureux citoyen, qu'il soit employé ou patron, artisan, commerçant ou qu'il exerce une profession libérale, ne peut avancer d'un pas s'il n'est accompagné d'éclaireurs et de débroussailleurs, c'est-à-dire d'avocats, d'experts-comptables, de conseillers fiscaux, de représentants syndicaux et d'assistantes sociales. À quand le « soutien psychologique » pour ces millions d'égarés dans le dédale des décrets, arrêtés et circulaires ?

Dans aucun pays du monde, les vieux mots d'ordre de Karl Marx – « fin de l'exploitation de l'homme par l'homme », « dictature du prolétariat », « appropriation collective des moyens de production », « dépérissement de l'État » – n'ont été suivis avec plus de persévérance.

Il est bien naturel que ce soit chez nous qu'ils se survivent, bien qu'ayant provoqué des catastrophes partout où on a voulu les appliquer, puisque c'est du scientisme d'Auguste Comte, des poussières de la Révolution de 1848 et des décombres de la Commune que le génial auteur du *Capital*, esprit systématique et prophète haineux, les a tirés !

Et si, par pudeur, on évite de les prononcer, il n'est pas de secteur de la vie publique où ils ne continuent à avoir plus d'effet que sur celui de la législation sociale.

On persévère dans le détournement de vocabulaire, cher aux marxistes. Qu'ils soient staliniens ou trotskistes, les partis communistes s'obstinent à s'appeler « partis des travailleurs », alors qu'ils ne se conduisent qu'en partis des salariés.

L'ouvrier d'imprimerie est un « travailleur ». Mais le juriste, l'historien dont il compose le livre est évidemment un oisif. La secrétaire de l'avocat, la caissière du détaillant, sont des « travailleurs ». Mais le premier, qui peine sur les dossiers de ses plaidoiries, mais le second, qui va avant l'aurore à Rungis et coltine ses cageots, ceux-là ne peuvent être que des inactifs. Sont « travailleurs » les employés ou commis de l'artisan menuisier. Mais lui-même, qui manie tout autant le robot et la gouge, à la seule différence qu'il reste plus tard à son établi pour assurer les livraisons, ne peut se dire « travailleur » ; il est de la race honnie des patrons.

À défaut du « grand soir » et de l'établissement de la dictature dite « prolétarienne », la législation sociale a lentement, patiemment, subverti les valeurs et inversé les hiérarchies.

Toutes les dispositions aboutissent à mettre le supérieur en état d'infériorité.

Le salarié est sur-protégé ; l'employeur surligoté. L'engagement et le licenciement sont soumis à de telles contraintes, formalités et paperasseries que, selon le mot d'un grand industriel, « on aboutit à cette conséquence paradoxale que, par crainte de ne pouvoir débaucher, les entrepreneurs n'embauchent plus » [1].

Le contrat de travail est devenu presque plus difficile à rompre que le mariage. Le contrat à durée indéterminée rend le salarié pratiquement propriétaire de son emploi. La réprimande pour faute professionnelle est inopérante, si elle n'est pas signifiée sous forme de lettre recommandée, après quoi elle devra faire l'objet d'un « entretien » en présence d'un tiers, de préférence syndical. Le renvoi pour

1. Un exemple d'absurdité administrative. Dans les régions de vigne, les vendanges fournissaient un emploi épisodique aux populations d'alentour, aux gitans, voire à des groupes d'étudiants qui arrivaient des grandes villes. Et en plus, c'était une fête. Aujourd'hui, les propriétaires viticulteurs sont astreints à de telles formalités et taxations pour ces quelques journées de travail qu'ils trouvent plus simple de faire venir, par wagons entiers, des ouvriers polonais.

irrégularité, insuffisance, paresse, comportement inadmissible est devenu impossible, sauf à entraîner une procédure devant le tribunal des prud'hommes, laquelle durera des mois, sinon des années.

Les employeurs préfèrent alors recourir, hypocritement, au licenciement « pour raison économique » qui leur interdit, pendant un an, le remplacement du personnel défaillant.

La notion de *service* disparaît, et avec elle la relation de confiance, puisque l'on a mis dans la tête des gens que *servir* était humiliant, que le patronat était la survivance d'une société quasi féodale où le *serviteur* – mot à bannir du langage – ne pouvait être qu'un opprimé auquel il fallait forger des *droits* sans cesse plus précisés.

J'ai sous les yeux la *Convention collective nationale des jardiniers et jardiniers-gardiens de propriétés privées*, conclue entre une fédération d'employeurs, d'une part, et quatre fédérations ou syndicats d'employés, d'autre part, en date du 30 janvier 1986, convention qui se substituait à celle de 1975.

Elle ne comporte pas moins de dix pages grand format, sur deux colonnes en petits caractères, suivies d'un index, et est articulée en trente-trois articles. Tout y est indiqué, répertorié, détaillé, spécifié : rémunérations, classifications des emplois, horaires, repos, congés pour événements familiaux, révision, dénonciation, conciliation, démission, licenciement, etc., absolument tout, sauf la désignation du travail. Celle-ci est expédiée en cinq lignes, alors que les seules clauses relatives au logement de l'employé en remplissent cent.

Or, depuis 1986, cette convention a fait l'objet de vingt-quatre amendements, chaque fois discutés avec les organismes syndicaux qui se sont saisis de cette profession, au demeurant assez peu nombreuse et assez disséminée.

Que de palabres, de temps dépensé, que de gens employés à des tâches improductives qu'ils compliquent à plaisir, pour justifier leur importance et leurs émoluments !

Le grand péché de l'actuelle gauche française est d'être retardataire. Elle s'obstine à livrer bataille sur des terrains déjà conquis. Elle joue à la guerre là où ses devanciers ont remporté depuis longtemps la victoire. Elle invite ses troupes à lutter pour des « droits sociaux » largement acquis et qu'elle ne peut que surcharger de dispositions adventices et nocives qui étouffent ou épuisent l'économie du pays.

Les sommets de l'aberration sociale ont été

atteints avec la loi, à tous égards funeste, dite des 35 heures.

Déjà en 1936, la semaine de 40 heures, instituée par la première coalition socialo-communiste, avait mis la France en état de faiblesse stratégique, devant une Allemagne hitlérienne qui, elle, pratiquait un minimum de 60 heures de travail hebdomadaire. Le ralentissement et le désordre qui en avaient résulté dans notre production d'armements avaient accéléré notre défaite.

Cette fois, la même soumission des socialistes, parti des fonctionnaires, au « parti des travailleurs » qui les tient en otages – car sans les communistes, les socialistes seraient incapables d'avoir une majorité parlementaire –, met la France en état de faiblesse économique devant l'Europe.

Les ravages de cette loi, à la fois idéologique et démagogique, sont gigantesques.

D'abord, elle va coûter 200 milliards à la collectivité. Ensuite, elle a déclenché des revendications en chaîne dans toutes les catégories sociales, à commencer par les fonctionnaires, dont beaucoup travaillaient déjà moins de trente-cinq heures, et qui veulent voir leurs horaires encore plus allégés. Elle alourdit dangereusement les charges des grandes entreprises, dont elle réduit la compétitivité internationale. Elle est impraticable dans les hôpitaux. Elle est insupportable, inapplicable dans l'hôtellerie, la restauration, et dans des milliers de commerces et petites industries qui auront peine à survivre.

Elle crée une inégalité criante avec les membres des professions libérales, les travailleurs indépendants, les cadres, qui, eux, ne sauraient remplir leurs fonctions à moins d'y consacrer soixante-dix heures de leur temps.

Elle aura fini par pousser à la grève les médecins et les infirmières, dont les honoraires sont limités à des taux de misère, et elle aura jeté dans la rue les policiers et les gendarmes, parce qu'il y a des limites à l'abnégation.

Comment ce gouvernement, qui aura commis toutes ses erreurs au nom d'une prétendue « justice sociale », n'a-t-il pas vu ce qu'il y avait d'odieusement injuste à exiger des gardiens de l'ordre public un temps de travail double de celui qu'on demande aux gratte-papier, sans augmenter leurs émoluments ? Comment les a-t-on laissés offrir une poitrine sans protection devant les *deux agressions armées par jour* – plus de 500 durant les dix premiers mois de l'année

2001 – parce qu'on n'avait pas de budget pour les munir de gilets pare-balles ?

Quel mépris pour ceux qui assurent la défense de leurs concitoyens et la stabilité de la République !

Il n'y a rien d'étonnant à ce que les gendarmes se soient rebiffés. L'étonnant est qu'ils ne l'aient pas fait plus tôt. Mais quand les gardiens de l'État sortent de leur devoir d'obéissance, c'est que l'État est vraiment très, très malade.

Les effets moraux des 35 heures ne sont pas moins pervers que leurs retombées économiques. La mystique du travail est remplacée par la mystique de l'oisiveté, pour ne pas dire de la paresse. L'allongement du temps dit libre est devenu une obsession, et la manière de l'occuper le premier souci de l'existence. Le temps libre profite-t-il aux familles ? Moins la population travaille, et moins il y a de familles et plus les enfants sont mal élevés.

Le travail n'est pas une malédiction. C'est la manière la plus générale de trouver la justification d'être. L'homme est fait pour produire, pour œuvrer.

Belle liberté que la liberté imposée ! Faut-il que nous soyons conditionnés par un État à demi totalitaire pour que personne n'ait hurlé que cette loi contraignante, comme celle sur la retraite obligatoire, était un attentat à la liberté ! N'est-elle pas une contrevenance formidable à l'article XXIII de la *Déclaration internationale des Droits de l'homme*, largement inspirée par la France, et qui dispose : « Toute personne a droit au travail et au libre choix de son travail » ?

Que l'on décide d'une « limitation raisonnable de la durée du travail », comme le prescrit l'article XXIV de la même Déclaration, afin que l'on ne puisse imposer des horaires harassants, est une chose. Mais c'en est une autre que *d'interdire* à ceux qui le souhaitent de travailler au-delà de ce *minimum*.

Il est grand temps de renverser la vapeur.

Une Ordonnance sur la législation du travail devra, en tout premier lieu, nommer *une commission* qui aura trois mois *pour refaire le code du travail*, en éliminer toutes les lois, décrets et règlements qui font doublets, simplifier les procédures, et délivrer le labeur de tout le juridisme qui l'étouffe. Le contrat à durée indéterminée cessera d'être une quasi-obligation. Un type de convention sera établi, se limitant aux conditions générales et essentielles qui doivent garantir et l'employé et l'employeur. Les modalités d'application spécifiques de cette convention seront discutées et définies à l'intérieur de chaque entreprise. Le contrat sera préféré à la loi.

La deuxième disposition de cette ordonnance concernera le S.M.I.C., *salaire horaire minimum interprofessionnel de croissance*[1].

Son uniformité, dans un pays qui a la manie de l'égalitarisme, engendre des inégalités flagrantes. Le coût de la vie quotidienne présente, notamment pour les loyers et même pour les denrées alimentaires, de considérables différences, selon qu'on exerce sa profession à Paris ou en province, dans une grande agglomération ou à la campagne.

Le taux du S.M.I.C. devrait être décidé dans chaque région, et modulé entre zones urbaines et zones rurales. Ce n'est pas de limiter arbitrairement la durée du temps de travail qui fera diminuer le chômage, mais d'assouplir et diversifier le coût du travail horaire.

Troisième disposition : l'ouvrier, l'employé recevra *l'intégralité de son salaire*, y étant incluses les parts patronales et autres redevances ou charges. Il saura ainsi non pas ce qu'il touche,

1. Quelle croissance, quand la croissance décroît ?

mais ce qu'il gagne réellement. Il sera traité en adulte et en responsable, non pas, déjà, en assisté.

Il versera lui-même les cotisations aux diverses protections qui lui sont assurées, et se rendra compte, de ce fait, du coût excessif de la gestion fonctionnarisée de celles-ci, cependant que la comptabilité des entreprises s'en trouvera allégée.

La quatrième disposition regardera *la Sécurité sociale* et notamment l'assurance-maladie. Tout a été dit sur les dysfonctionnements de cette administration pléthorique, sur son budget et ses déficits. Disposant d'un véritable monopole, la Sécurité sociale est indifférente à la lourdeur des méthodes paperassières, aux négligences et aux mauvais rendements.

De quoi s'agit-il ? Revenons aux choses simples. Il s'agit que chaque Français soit assuré de recevoir les soins que réclament ses accidents de santé. Nous disons bien « assuré ».

Que cette assurance soit obligatoire, comme est obligatoire l'assurance chasse ou l'assurance automobile, c'est chose nécessaire. Cela n'implique en rien que cette assurance soit contractée auprès d'une unique organisation étatique.

Le citoyen doit pouvoir choisir de s'assurer soit auprès d'un organisme public, soit auprès d'une compagnie d'assurance privée avec laquelle il pourra discuter son contrat, et se couvrir contre tous risques, ou grands risques seulement. Mise ainsi en concurrence, la Sécurité sociale sera forcée, très rapidement, d'améliorer ses méthodes et de remédier à ses faiblesses.

La cinquième disposition s'attaquera à ce sujet constant de débats et d'angoisse que constituent les *retraites.*

Voici des années que les experts nous avertissent, et que les non-experts font écho à ces avertissements. Voici des années que les calculs les plus fiables nous annoncent qu'en 2050 la France aura 22 millions d'habitants de plus de soixante ans, soit 27 % de la population contre 16 % en 1950 et 20 % actuellement. Le déficit annuel des retraites, si l'on reste dans le système qui les régit, sera de 800 milliards. Dès à présent il va falloir trouver 325 milliards supplémentaires pour faire face à la situation [1].

Devant ce chiffre, la classe politique est comme saisie de paralysie.

On ne peut tout de même pas reprocher aux gens de soixante ans d'avoir vingt ou vingt-cinq ans d'espérance de vie devant eux.

1. Laurent Fabius, ministre de l'Économie et des Finances, dixit (1-9-2001).

Deux mesures sont évidemment à édicter, contre lesquelles syndicats et fonctionnaires s'arc-boutent.

La première : fixer, par profession, un âge à partir duquel *on peut* prendre sa retraite, mais laisser libre chacun de travailler au-delà s'il le désire et s'il trouve emploi à ses compétences.

Cela ne nuira nullement à l'emploi des jeunes. Rappelons-nous la maxime d'Alfred Sauvy, lorsqu'il était au cabinet de Paul Reynaud, en 1938, et que celui-ci eut à rattraper, par décrets-lois, les excès du Front populaire : « C'est le travail qui crée le travail, et tout le reste est littérature »[1].

La deuxième mesure est d'organiser les retraites en encourageant l'épargne individuelle et son investissement dans les fonds de pensions, autrement dit de privatiser les retraites. Certes, fonds de pensions signifie participation au capital. Que les marxistes empaillés se fassent une raison. Il n'y a pas d'autre solution, si l'on ne veut pas voir des retraités réduits à la misère dans un pays en faillite.

Sixième disposition : selon la même philoso-

---

1. Cité par François d'Orcival, *Valeurs actuelles*, 3-8-2001.

phie générale, on fera le ménage dans *les aides dites sociales*. On évitera qu'il y ait un trop faible écart entre les revenus du travail et les revenus d'assistance. Il n'est pas normal, il n'est pas sain que revenu minimum d'insertion (R.M.I.) et diverses allocations cumulés fournissent pratiquement le même revenu que si l'on travaillait.

De même que trop d'impôt tue l'impôt, trop de social tue le social.

Septième disposition : *réforme des Agences nationales pour l'emploi* (A.N.P.E.). Celles-ci sont atteintes, elles aussi, par le laxisme et la fonctionnarisation. Leur organisation et leur contrôle devraient être remis aux régions et selon un système d'économie mixte, qui leur permettrait d'agir comme de grands bureaux de placement, entre lesquels régnerait la concurrence et auxquels s'imposerait la règle du rendement.

L'ordonnance, assurément, est un peu rude. Mais il est peu douteux que, si elle était appliquée, la France se porterait mieux.

ORDONNANCE N° 6

SUR LES ARMÉES

Le désarmement général, longtemps caressé par les rêveurs, n'étant manifestement pas pour la semaine prochaine, l'importance d'une nation dans le monde est liée, au premier chef, à ses capacités militaires.

La France ne saurait tenir son rang, justifier ses responsabilités, notamment comme membre permanent du Conseil de Sécurité des Nations Unies, et conserver sa part de décision dans les conflits régionaux ou planétaires, que si elle dispose des moyens suffisants pour répondre de manière dissuasive aux menaces nucléaires, assurer en toutes circonstances la sécurité et l'intégrité de son territoire, et agir à distance, isolément ou en participation, dans tous les cas comportant des risques pour ses intérêts supérieurs ou pour la paix mondiale.

Les armées de la France répondent-elles à ces exigences ?

La loi de programmation de février 1996 était une bonne loi. Elle a instauré la professionnalisation des armées qui était une nécessité longtemps repoussée. Le meilleur connaisseur en cette affaire, Pierre Messmer, qui eut, sous de Gaulle, la plus longue durée de toute notre histoire au ministère des Armées, proposait depuis dix ans cette professionnalisation.

En effet, le caractère éminemment technique et d'une complication toujours croissante des armements, de même que les formes très diversifiées que prennent les conflits, réclament des formations longues et spécialisées qui ne peuvent être acquises par des recrues aux aptitudes incertaines et au service très limité dans le temps.

La logistique, l'observation, les communications de plus en plus sophistiquées et, de manière générale, tous les équipements et outils de combat, exigent des connaissances et un entraînement très poussés. La manette a remplacé le sabre, et la précision de l'ordinateur l'habileté du tireur.

Dans la loi de 96, le « spectre des capacités »,

puisque c'est ainsi qu'on l'appelle, avait été étudié de telle sorte que les forces armées françaises puissent être indépendantes en tous genres d'opérations, y compris dans les actions conjointes avec des forces internationales.

Les effectifs de la gendarmerie avaient été augmentés, et ils se complétaient par une réserve active de cinquante mille hommes immédiatement disponibles, non seulement pour assurer le maintien de l'ordre public, mais aussi pour empêcher la destruction des points sensibles, aléa qui veut qu'on exerce une prévision constante.

En gros, il était prévu que 400 000 militaires puissent être opérationnels en quelques heures. Le renseignement était centralisé et renforcé. Enfin le programme de modernisation des grands équipements des trois armées : terre, air, mer, était défini.

Tout cela, à condition que les dotations budgétaires, très précisément calculées, soient respectées.

Or, depuis 1997, date d'entrée en vigueur de la loi, les ressources des armées ont été sans cesse amputées pour combler les déficits creusés par les lois dites sociales, par complaisance démagogique aux réclamations de la fonction publique et au chantage des syndicats [1].

L'effet sur les armées a été dévastateur. Mauvais entretien et remplacement insuffisant des matériels usagés, manque de munitions d'entraînement, astreintes à des obligations et des horaires très supérieurs à ceux de tous les autres employés de l'État, sans être compensées par des élévations de solde convenables : le moral des armées n'est pas aussi déplorable que certains s'égosillent à le dire ; mais il n'est pas bon.

Ce n'est pas de gaieté de cœur que la gendarmerie s'est livrée à des démonstrations tout à fait exorbitantes de son statut, et qui ont été immédiatement payantes ; mais rien n'a été fait pour les autres troupes. Il ne faut pas abuser des « grandeurs et servitudes militaires ».

N'oublions pas la situation scandaleuse des hôpitaux d'instruction des armées. Nous avions, nous avons toujours, la meilleure médecine militaire du monde. Combien de pays ont envoyé

1. À titre indicatif, rappelons que le budget de la Défense, en 1991, représentait 3,7 % du P.I.B. (Produit intérieur brut) alors qu'il est descendu, en 2002, à 1,96 % (Déclaration de M. Jean-Pierre Chevènement au *Figaro* du 19-1-2002).

leurs médecins militaires s'y former ! La qualité du corps médical, en toutes spécialités, y est du plus haut niveau. Le personnel soignant y obéit à une discipline et y montre un dévouement incomparables. L'organisation et l'hygiène y sont exemplaires. Or, par suite des restrictions budgétaires, par tarissement des infirmiers qui venaient du contingent, et parce qu'on y offre des traitements qui sont inférieurs à ceux de la médecine civile, toutes les unités sont obligées de supprimer des lits et les chefs de service doivent rivaliser d'abnégation. La limite du supportable est atteinte.

Une armée de métier, pour s'assurer un bon recrutement, doit offrir des conditions d'engagement attrayantes.

La nouvelle loi de programmation pour la période 2003-2008 confirme la précédente. On a prétendu qu'elle améliorait la dotation budgétaire. En fait, elle a rétabli les évaluations initiales. Mais elle ne rattrape pas les retards. Et sera-t-elle mieux respectée que la précédente ?

Il est beau d'affirmer, comme le fait le ministre dans sa lettre de présentation, que la France pourra « déployer un groupe naval avec des moyens de frappe de précision à plusieurs centaines de kilomètres ». Mais quand ? La guerre d'Afghanistan a montré que les moyens que les Américains et les Britanniques ont mis en œuvre n'étaient pas disponibles dans les arsenaux français.

À quand le deuxième porte-avions qu'a déclaré « souhaiter » le président de la République, chef des armées ? C'est plus qu'un souhait ; c'est un impératif. Les porte-avions vont par deux, pour qu'il y en ait toujours un à la mer. N'avoir qu'un porte-avions, c'est vouloir faire courir un unijambiste.

À quand les chars et les avions de la nouvelle génération ? À quand les missiles de croisière, composants de base d'une intervention extérieure ?

Je n'ai pas entendu, parce que sans doute j'ai mauvaise oreille, un grand orateur politique se dresser dans l'Assemblée, ayant en main les programmes de la loi de 96 (pages 9996 à 10 000 du *Journal Officiel* du 3-7-96) pour en comparer l'exécution prévue au point d'exécution réelle, catégorie par catégorie. Et demander, par exemple, où en sont les nouveaux avions gros-porteurs, indispensables à notre indépendance stratégique ? Où en sont les nouvelles frégates ?

On parle « d'horizon » 2008, 2010, 2012, pas même pour la livraison de tel ou tel équipement, mais pour le commander. L'horizon a le temps de noircir d'ici là !

Non, je n'ai entendu aucune grande voix s'écrier : « On met la France en danger ! »

En danger, en tout cas, de perdre ses facultés décisives.

La réduction budgétaire est-elle la seule cause de toutes ces inquiétantes lenteurs ? Se pose là un autre problème plus dissimulé, et qui paraît échapper à la plupart des commentateurs. Ne souffrons-nous pas d'une certaine incapacité de nos industries de l'informatique à mettre au point les ordinateurs qui équipent obligatoirement tous nos systèmes d'armes ?

Nous nous gargarisons volontiers de notre inventivité technologique, mais il y a là une zone d'ombre.

Les incidents répétés qui ont affecté le lancement du *Charles-de-Gaulle*, la livraison sans cesse repoussée des avions Rafale, de même que celle des nouveaux chars, ne trouveraient-ils pas leur explication commune dans une déficience d'ordre industriel, non pas dans le génie logiciel proprement dit, mais dans l'intégration des logiciels ?

Les mêmes tâtonnements dont ont souffert l'ouverture de la grande Bibliothèque et, plus répréhensible, celle de l'hôpital Georges-Pompidou, ne sauraient être envisageables sur des engins de guerre. Le rattrapage y est intolérable. La perfection s'impose avant toute mise en service. Les États-Unis ont là-dessus des années d'avance sur nos industries.

Une grande Ordonnance sur les armées devrait permettre de remédier à tous ces retards et carences.

Sa première disposition sera *de rendre impératif le respect de la dotation budgétaire des armées.* Le ministère des Finances ne pourra plus y ponctionner de quoi reboucher les plafonds crevés dans d'autres départements. Et il sera prévu de restituer en cinq ans les prélèvements opérés sur le programme 1997-2002.

Ces moyens budgétaires recomposés permettront :

1° d'améliorer la condition des personnels ;

2° d'assurer l'entretien et le renouvellement des matériels ;

3° d'accélérer la fabrication des armements programmés [1] ;

---

1. Une attention particulière sera accordée au G.I.A.T. (Croupement industriel de l'armement terrestre) où la Cour des comptes a décelé de graves dysfonctionnements financiers, en partie causés par des déficiences techniques.

4° de stimuler la recherche et l'expérimentation avec obligation de résultats pour les industries, qu'elles soient d'État ou non.

La deuxième disposition visera *les réserves territoriales*.

Ce point est loin d'être indifférent. Les risques de catastrophes naturelles, aggravés par les modifications que l'homme fait subir au climat, au relief, au régime des eaux, les risques de plus en plus fréquents de catastrophes industrielles aux effets de plus en plus dévastateurs, les risques enfin d'entreprises terroristes utilisant des moyens de destruction massive mis en œuvre simultanément sur plusieurs points du territoire, exigent que l'on soit prêt, partout, à faire face à ces risques et à en limiter les effets. Ceci exige qu'en plus des forces armées proprement dites, il y ait partout des hommes avertis, entraînés, préparés, qui puissent protéger, secourir, encadrer une population désemparée. Ce ne peut être que le fait d'une réserve territoriale, capable de réagir dans l'instant. Nos réserves actuelles sont fixées à cent mille hommes, dont cinquante mille gendarmes. Le nombre paraît insuffisant. L'échelon territorial de base est le canton. Chaque canton devrait donc avoir son élément de réserve.

La troisième disposition concernera *l'unité de commandement.* Celle-ci fut toujours la condition du bon emploi des forces armées. Elle s'impose aujourd'hui plus que jamais, en raison de l'immédiateté des menaces à laquelle doit répondre l'immédiateté de la décision.

Osons ce truisme : l'urgence n'attend pas. Elle ne supporte ni consultations prolongées, ni palabres, ni débats, ni relais multiples.

L'ordonnance devra donc disposer, de manière explicite, qu'en toute situation nécessitant l'application de l'article 16 de la Constitution, ou toute menace externe ou interne, le *président de la République, chef des armées, donne ses ordres directement au chef d'état-major général*, qui n'a à rendre compte que devant lui de leur exécution.

Dans le domaine militaire moins qu'en aucun autre, n'attendons pas de l'Europe qu'elle résolve pour nous nos problèmes, et ne laissons pas nos partenaires passer devant nous.

Le poids de notre volonté dans l'ensemble en devenir qu'est l'Union européenne dépend du niveau auquel nous aurons su placer notre appareil de défense.

ORDONNANCE N° 7

SUR LA POLITIQUE DE LA LANGUE

« Si nous reculons sur la langue, nous serons emportés purement et simplement. C'est à travers notre langue que nous existons dans le monde autrement que comme un pays parmi d'autres. »

Cette déclaration est de Georges Pompidou. Il avait amorcé, en France et hors de France, une politique de notre langue qui devait être développée et intensifiée. Elle a été poursuivie, vaille que vaille, quelque temps, puis elle s'est effilochée.

Après sa puissance stratégique, l'importance d'un pays se mesure à la diffusion de sa culture. Or la base irremplaçable d'une culture est sa langue. L'enseignement, la diffusion, la pratique du français dans le monde doivent donc être, aussitôt après la remise à niveau de nos forces armées, la seconde priorité de l'État.

Il fut une période pendant laquelle la civilisation européenne était en fait la civilisation française, parce que le français était la langue commune aux élites de tout le continent. Cette époque-là est de longtemps révolue, et la complaisance aux nostalgies est stérile.

Durant la première moitié du XXe siècle régna un certain équilibre entre le français et l'anglais. Cet équilibre s'est rompu ; c'est une des conséquences de la Deuxième Guerre mondiale.

On entend sans cesse clamer, et par nos gorges mêmes, le recul du français devant l'anglais. Il est réel. Il est essentiellement le fait de la prépondérance stratégique, économique, financière, scientifique, technologique des États-Unis et, notamment, de l'avance qu'ils ont prise dans les moyens de communication du nouveau type.

Mais on n'entend que chuchoter ce qui reste au français, et qui est pourtant indispensable pour éviter que la planète ne glisse vers une dangereuse uniformité mentale, ou pour que le dialogue des cultures se réduise aux échanges américano-chinois, américano-russe, américano-indien.

La Francophonie, créée il y a une quinzaine d'années, avait fait lever un immense espoir. Cinquante pays, grands et petits, répartis sur toute la Terre et tous les Océans, et unis par des liens organiques, ce pouvait être la promesse d'une grande chaîne de solidarité planétaire et la constitution d'un vaste marché, en même temps qu'une capacité d'influence et de pression sur les Nations Unies.

C'était aussi l'espoir d'un grand rassemblement autour du partage de quelques valeurs fondamentales, un soutien à des peuples insuffisamment équipés et à des cultures menacées de disparition. Nous l'entendions ainsi. Que la France lui accorde la plus forte part de ses moyens de fonctionnement était dans l'ordre des choses. Mais que sont-ils ces moyens ? Une misère : sept cent trente millions soutirés par bribes à huit ministères. On parle de moins en moins de la Francophonie ; elle végète ; elle a déçu.

Or, nous avions mis en place, à de meilleures époques, deux cent vingt-trois centres culturels, répartis dans quatre-vingt-onze pays, complétés par plus de mille Alliances françaises indépendantes, ce qui constituait le plus important réseau, plus nombreux que celui des États-Unis ou du British Council.

Faute de subsides suffisants et d'instructions cohérentes, leurs personnels sont démoralisés, leurs méthodes de gestion parfois douteuses, leurs initiatives plus que discutables. Et l'administration parisienne n'arrive même pas à dégager un traitement de directeur pour une Alliance française que les Russes ont créée d'eux-mêmes sur l'Oural.

Des dizaines de milliers d'étudiants francophones demandent à faire, ou compléter, leur formation supérieure en France. On leur délivre les passeports au compte-gouttes et on leur accorde des bourses trop faibles, pour trop peu de temps. Ils se tournent alors vers les universités d'Outre-Atlantique. Le marché des élites est aussi actif, aussi compétitif, que celui des matières premières. Y sommes-nous gagnants ?

Maintes capitales souhaiteraient que s'ouvrissent des lycées français. On préfère fermer des classes dans ceux qui existent.

C'est à Paris que les défaitistes de naissance, comme on peut être aveugle ou sourd de naissance, se plaisent à dire que la langue française n'intéresse plus personne.

Il n'est pas indifférent que 65 % des lycéens britanniques choisissent le français comme première langue étrangère. Que fait-on pour les encourager à le pratiquer au-delà de leurs études ?

La langue française est le plus grand fournisseur de mots universellement employés. Il a fallu un Brésilien pour faire cette découverte étonnante, qui a un grand retentissement dans toute l'Amérique latine[1]. Qu'avons-nous fait pour y donner écho ?

Le français conserve encore une place éminente parmi les rares langues qu'on peut vraiment appeler universelles. À condition qu'on s'en occupe. À condition qu'on la soutienne, qu'on la protège, cette langue. Elle n'est nullement morte ni mourante. La soutenir n'est nullement de l'acharnement thérapeutique ; simplement l'injection de quelques remèdes à un organisme affaibli.

La désaffection ne vient pas de l'extérieur, mais de nous-mêmes. Nous dépensons des sommes énormes pour des assistances dites sociales qui épuisent nos finances, alors que nous ne consacrons rien pour l'assistance à une langue en danger, qui est la première de nos richesses.

« Manque de volonté politique ; manque de volonté politique ! » répètent à l'envi, avec un

1. *Mots sans frontières*, par Sergio Correa da Costa (Éd. du Rocher).

geste de désolation, ceux qui sont conscients de cette réalité.

Mais la volonté politique a deux manières de se traduire, et deux seulement : un plan et des moyens financiers. « Mais nous n'avons pas un sou ! » répondent les responsables. Eh bien, nous allons indiquer où en trouver, des sous, et sans qu'il en coûte rien aux contribuables.

Le soutien à la langue dans le monde rentre manifestement dans ce qu'on désigne par « l'action extérieure de la France ». Or, à cette « action extérieure », l'État français consacre – chiffre du budget 2000, mais il ne change guère – 48 milliards de francs, soit 7 milliards 317 millions d'euros.

Sur ces 48 milliards (on me laissera, cette année encore, m'exprimer en monnaie ancienne), 25 sont affectés aux « actions bilatérales », alors que 13,4 vont aux « actions multilatérales », et que 10 milliards, pas moins, sont absorbés par les frais de fonctionnement des administrations qui les gèrent. Chères administrations !

Détaillons un peu le multilatéral. Notre contribution à l'O.N.U. et à ses institutions spécialisées s'élève en gros à deux milliards. Or, le français, langue officielle, est de moins en moins utilisé à l'O.N.U.

Nous versons près de deux milliards également aux organisations internationales à caractère technique, où notre langue est en position de faiblesse, et quatre milliards pour l'action internationale en matière de recherche scientifique, domaine où l'anglais est en situation hégémonique.

Nous participons encore pour 2,2 milliards à des organismes financiers internationaux tels que Fonds monétaire, Banque mondiale et autres, où le français n'est pas et n'a jamais été utilisé. Là où se manie l'argent, on ne parle pas français.

Et la liste n'est pas close. Si l'on ajoute les six milliards que nous affectons à « l'action extérieure » de l'Union européenne, ce sont près de vingt milliards que nous déversons dans des programmes où nous n'avons que faiblement voix au chapitre et où les affectations sont remises à la discrétion de fonctionnaires internationaux.

Nous ne retirons pratiquement rien, fût-ce moralement, de ces générosités dont on ne nous donne même pas acte en français.

Si encore tout ce système multilatéral se montrait efficace ! Mais l'analphabétisme reste l'analphabétisme, mais les famines restent les famines, les endémies restent les endémies. Les dysfonctionnements et les gaspillages que l'on constate dans nombre de ces organismes, sans pouvoir y remédier, sont caricaturaux. Et le malheur des malheureux ne se réduit pas, cependant que la manne internationale ne sert souvent qu'à nourrir l'appétit de gouvernants improvisés.

Ce n'est pas être anti-européen, ou anti-coopération, ou bêtement « souverainiste » que de dénoncer cet état de fait. C'est de la simple lucidité.

Les ressources nécessaires à une politique de la langue sont à prendre dans une diminution de notre contribution à ces « actions extérieures » qui vont se perdre dans les marécages supranationaux. Nos partenaires crieront ; on les laissera crier un moment ; et puis ils se tairont. Nous sommes là-dessus instruits par de bons exemples. Les États-Unis ont coupé leur participation à l'U.N.E.S.C.O., parce que les orientations de celle-ci ne leur plaisaient pas. Qu'est-il arrivé ?

Les mêmes États-Unis sont endettés vis-à-vis de l'O.N.U. à hauteur de plus de deux milliards de dollars. Il a fallu le drame du 11 septembre pour que leur Sénat consente à autoriser le versement d'un quart de cette dette.

Et rappelons-nous la solide Mrs Thatcher, qui plaquait ses paumes sur la table de conférence en disant : « *I want my money !* » Que ne déclarons-nous, avec la même autorité : « Je veux ma langue ! »

L'argent étant trouvé, venons-en au plan. Celui qui pourra prendre forme d'ordonnance aura pour première disposition de réunir *tous les services chargés des actions extérieures en matière de langue et de culture en une seule main ministérielle*, à commencer par la fameuse D.G., ancienne direction générale des affaires culturelles du Quai d'Orsay, qui pour avoir changé d'appellation en D.G.C.I.D. – Direction générale de la coopération internationale et du développement – n'a guère pu améliorer son rendement.

Pour celles de ces actions qui demandent le concours d'autres départements, ces derniers agiront comme prestataires de services.

En deuxième lieu, on privilégiera *l'enseignement du français* partout et sous toutes ses formes : extension des établissements scolaires existants ; création de nouveaux lycées et collèges, le plus souvent possible bilingues (langue nationale et langue française) ; échanges universitaires intensifiés ; large ouverture des facultés aux étudiants étrangers ; élévation du contingent d'élèves étrangers dans les grandes écoles ; stages nombreux pour les enseignants et les chercheurs.

« Plus les étrangers sauront le français, plus ils auront envie de tisser des liens économiques, politiques et culturels avec nous » (Erik Orsenna).

Il sera créé un corps *d'inspecteurs généraux de l'action extérieure*, en constante mobilité.

Outre l'Afrique francophone, où l'histoire nous a créé de particulières responsabilités et dont le développement dépend de l'alphabétisation en français, l'effort sera porté sur l'Europe centrale et orientale.

La Roumanie, la Bulgarie, la Moldavie, la Macédoine, l'Albanie sont membres de l'organisation francophone et constituent un important ensemble incliné de longtemps vers la culture française. La Francophonie peut aider à leur stabilité et à leur croissance ; leur cohésion est un élément capital de l'équilibre européen.

En Russie, en Pologne, existe une très ancienne tradition d'usage de la langue française qui doit être revivifiée.

Le Liban est le pays d'ancrage du français au Proche-Orient. Les Phéniciens sont un relais de la France. Nous devons être le relais de la Phénicie.

Enfin, en Amérique latine, la culture française doit reprendre la place qu'elle y eut si longtemps. À nous d'y mettre les efforts qu'il convient, et un peu d'amour.

Bien évidemment, le développement donné ou redonné à la langue française ne doit pas se limiter aux domaines littéraires ou aux sciences dites humaines. Les sciences exactes, la technologie, l'économie, la gestion, la diplomatie, la santé, la protection de l'environnement sont les enseignements qu'il nous faut dispenser [1].

L'intérêt pour la culture française, son attrait, seront stimulés par *des opérations de prestige*, non nécessairement nombreuses, mais du plus grand éclat. Elles doivent créer l'événement.

Il faut exporter nos grandes têtes scientifiques, de réputation universelle, et nos auteurs, lorsqu'ils sont universellement connus. Les expositions d'art français ne doivent emporter que des chefs-d'œuvre autour de la planète. Elles attireront les foules.

1. Rappelons l'existence de l'Université Senghor (Université de langue française au service du développement africain), à Alexandrie, créée à l'initiative de l'Académie française et du ministre des Affaires étrangères d'Égypte, M. Boutros Boutros-Ghali, inaugurée en 1990, après seulement deux ans de préparation, et qui depuis lors forme chaque année une centaine de cadres supérieurs et d'administrateurs pour le continent noir. Cette expérience aurait pu être répétée.

Plutôt que de subventionner, parfois par complaisance, des troupes moyennes ou médiocres dont les spectacles dits d'avant-garde, les mises en scène étranges, les dictions chuchotées, les reptations dénudées et les sous-entendus politiques déroutent les publics étrangers, on donnera à la Comédie-Française la *possibilité de doubler sa troupe*, de telle manière que la moitié soit sans cesse itinérante et aille représenter les pièces dominantes de notre répertoire dramatique. Molière et Racine, Marivaux, Beaumarchais, Hugo, Rostand, Montherlant, Anouilh restent nos meilleurs ambassadeurs culturels.

Surtout, évitons d'exporter nos problèmes existentiels chez des gens qui en ont de pire que les nôtres.

Enfin, on se rappellera qu'aujourd'hui la diffusion d'une langue passe indispensablement par l'audiovisuel. On mettra donc tout en œuvre pour que Radio France Internationale soit entendue, et la chaîne T. V. 5 captée dans toutes les parties du monde, avec des programmes multipliés, donnant relais à toutes les expressions francophones. Construisons un miroir français de l'univers.

Quand la France se saura partout écoutée, partout regardée, son teint reprendra des couleurs.

ORDONNANCE N° 8

SUR LA FISCALITÉ

La France est le pays des Droits de l'Homme et du Citoyen. La Déclaration est inscrite au préambule de notre Constitution et en forme l'assise. Eh bien, relisons-la.

Art 13. Pour l'entretien de la force publique et pour les dépenses d'administration, une contribution commune est indispensable ; elle doit être également répartie entre tous les citoyens, en raison de leurs facultés.

Le principe de la contribution obligatoire est donc clair : elle est destinée à subvenir aux besoins militaires et administratifs, c'est-à-dire à ce qui assure la protection et l'organisation de la communauté.

Il n'a jamais été dit que l'impôt avait pour objet de se saisir d'une forte part des avoirs des citoyens qui ont des « facultés » importantes pour la verser à ceux qui ont des « facultés » moindres.

Or, par une déviation funeste, c'est sous cette fiscalité redistributrice – en théorie – que nous vivons, ou plutôt c'est d'elle que nous crevons.

La fortune, les revenus élevés ne sont que les résultats d'aptitudes, de dons, d'énergies et d'efforts mis en œuvre.

Les Droits de l'Homme reconnaissent comme loi naturelle la diversité des « facultés ». Ils reconnaissent aussi la propriété comme un droit imprescriptible. Ces deux principes sont bafoués par l'État fiscaliste.

Celui-ci agit comme si les talents étaient une injustice et que toutes les réussites étaient coupables. Être plus doué qu'autrui est un péché qui doit être sanctionné par une pénitence financière.

Manie égalitariste des Français, toujours envieux du voisin, combinée à l'utopie marxiste qui, méprisant la génétique, voulait créer un « homme nouveau », c'est-à-dire uniforme et ployé sous une autorité despotique.

À bien y regarder, n'est-ce pas là la finalité de la fiscalité redistributrice, visant à établir une universelle médiocrité ? Autant passer au clonage généralisé, avec constitution de castes à proportion des besoins sociaux. Peut-être est-ce l'avenir de l'humanité dans un ou deux millénaires. Ce n'est pas encore le nôtre.

Tous les impôts directs sont des spoliations.

Spoliation, l'impôt sur le revenu, surtout quand il atteint de tels taux qu'il confisque jusqu'à près de 60 % de ce qu'un individu gagne. Quant à la justice, dans l'affaire, elle est sérieusement maltraitée, puisque plus de la moitié des citoyens, dont on juge les « facultés » trop faibles, sont dispensés de l'obligation de contribuer.

Spoliation, l'impôt sur les successions qui arrache aux conjoints, aux descendants, aux ascendants ou collatéraux, des tranches de plus en plus élevées des possessions familiales, et réduit pratiquement à néant le droit de l'individu de léguer des biens à qui lui plaît, hors de sa parentèle.

Avec moins de retentissement, parce que réparti dans le temps, cet impôt est une opération équivalente à la vente des biens nationaux sous la Révolution. Châteaux historiques, domaines, vignobles, collections, doivent être mis à l'encan et vont alimenter le « marché », ce marché honni par les auteurs de cette fiscalité délirante.

Spoliation, l'impôt sur la fortune, qui grignote, année après année, ce que le citoyen a reçu, acquis ou épargné. Au Moyen Âge, on y allait plus franchement. Quand le trésor était à sec, on spoliait une catégorie de la population ; on spoliait les Juifs, on spoliait les Lombards, on spoliait les Templiers. Et puis on en avait fini pour vingt ou trente ans. Aujourd'hui, on rançonne tout le monde et tout le temps. Les souverains de jadis étaient des agneaux comparés à notre État dévoreur.

En outre, tout impôt direct est inquisitorial. Il met le citoyen en situation de crainte permanente, et d'hostilité sourde, mais constante, envers les pouvoirs publics. Il invite, sinon à la fraude, au moins à la dissimulation. Les erreurs, même de bonne foi, du contribuable sont durement pénalisées ; celles de l'administration fiscale, et elles sont nombreuses, ne le sont jamais.

Enfin, le système est compliqué à l'extrême, obligeant le citoyen à des pertes de temps qui sont autant de réductions de l'activité générale, et il exige une administration pléthorique qui refuse toute modification de ses méthodes et tout allégement de son personnel.

Écoutons un bon expert : « Les 2 000 pages du Code général des impôts constituent un ensemble inextricable et font ressortir l'opacité et l'injustice d'un système non maîtrisé. Le contribuable français doit s'adresser à quatre administrations séparées : la Direction générale des impôts, la Direction générale de la comptabilité publique, la Direction générale des douanes, l'U.R.S.S.A.F. À égalité des montants encaissés, les coûts des prélèvements eux-mêmes sont trois fois plus élevés qu'aux États-Unis ou en Suède. On notera – sur le même registre – que le coût de fabrication d'un billet de banque par le secteur public est environ trois fois plus élevé que dans le secteur privé »[1].

Si encore cette fiscalité « redistributrice », si toutes les assistances, allocations, assurances rendaient satisfaits ceux qui en profitent ? Mais non. Tous récriminent, tous sont dans la rue.

Si encore la santé publique, la recherche médicale, la conservation du patrimoine étaient convenablement assurées grâce à ces spoliations ? Mais non. Collectes en tous genres, Téléthon, souscription pour ceci, souscription pour cela : on fait appel sans arrêt, pour assurer des charges que l'État semble incapable d'assumer, à une générosité privée dont le fisc ampute sans cesse les moyens.

1. Thierry de Montbrial, Communication à l'Académie des Sciences morales et politiques, novembre 2001.

Il faut impérativement changer le système fiscal, et le plus rapidement possible, et de la manière la plus radicale.

Ce devrait être l'objet d'une Ordonnance sur la fiscalité dont nous proposons qu'elle organise le changement en trois temps.

Dans un premier temps, on abaissera considérablement les taux de l'impôt sur le revenu et sur les successions.

Prenons exemple sur des pays qui se trouvaient dans des situations comparables à la nôtre, et qui s'en sont sortis à leur avantage. En Grande-Bretagne, à la fin des années 70, l'impôt direct pourrait s'élever jusqu'à près de 90 % des revenus. L'économie anglaise était en panne. Londres était une ville triste, désolée, où les boutiques étaient vides de chalands et qui vivait dans une atmosphère de marasme.

Mrs Thatcher n'était pas une théoricienne, mais une femme de bon sens et d'énergie. Elle abaissa le taux des impôts, privatisa à tour de bras le secteur nationalisé et tint tête aux syndicats. En quelques années la Grande-Bretagne avait repris le chemin de la prospérité et Londres était devenue la ville la plus active, la plus brillante et la plus gaie d'Europe.

Aux États-Unis, le président Reagan n'était

pas non plus un grand théoricien de l'économie, mais il était solidement assis sur sa selle de cow-boy, et il avait les rênes bien en main. Il diminua les impôts, tint tête aux syndicats, et en plus, fit consacrer aux armements d'un type nouveau des efforts qui contribuèrent à précipiter l'effondrement de l'U.R.S.S., incapable de suivre cette montée en puissance stratégique.

La France devra suivre, *mutatis mutandis*, la même voie.

Le taux maximal de l'impôt sur le revenu sera ramené à 33 %.

Un tiers de ce qu'il gagne est le maximum supportable par le citoyen pour l'acquittement des services généraux qui lui sont rendus par la collectivité. Au-delà, c'est le signe manifeste que cette collectivité est mal gérée.

Comment compensera-t-on dans le budget la diminution de rentrées provoquée par l'abaissement du taux ?

D'une part, par la poursuite du programme de privatisations lancé par Édouard Balladur en 1986, repris par lui en 1993, et auquel le gouvernement socialiste, quoi qu'il en eût, a bien été obligé de se ranger.

D'autre part, on haussera d'autant de points qu'il le faudra les impôts sur la consommation, notamment la taxe à la valeur ajoutée (T.V.A.) sur les biens autres que de première nécessité.

L'impôt sur la consommation est le plus juste, le plus équitable, le plus conforme à la définition des Droits de l'Homme, parce que chacun l'acquitte à hauteur de ses « facultés » de dépense. C'est en outre le moins douloureux.

Le deuxième temps de la réforme générale, dont l'échéance devra être fixée par l'ordonnance, sera la *suppression de tous les impôts directs.*

Avec cette mesure, dont les raisons sont à la fois matérielles et morales – et que préconisait déjà Michel Jobert et d'autres bons esprits il y a vingt-cinq ans –, la France recommencera d'être exemplaire. Car cette suppression des impôts directs devrait avoir trois effets.

Primo, elle supprimerait toutes les administrations affectées à leur recouvrement, ce qui correspondrait à une diminution de moitié des effectifs du ministère des Finances. L'indispensable réduction des dépenses de l'État, par compression des personnels de la fonction publique, y trouverait son compte.

Secundo, la mentalité de la population changerait. Le citoyen, délivré de l'obsession fiscale, cesserait de considérer l'État comme un oppresseur et un inquisiteur. La dissimulation du profit n'aura plus à s'imposer par prudence, et le succès sera délivré d'être honteux.

Tertio, la masse de moyens privés ainsi libérée pourrait être affectée à la dépense, l'épargne, l'investissement, le mécénat et les œuvres humanitaires personnalisées. Cette irrigation de l'économie, soutenant l'entreprise, stimulerait l'emploi.

Le voilà, le ressort de la reprise et de la croissance, la voilà, la clef de la prospérité.

Nous avons trop méconnu que la prospérité générale était la condition des satisfactions individuelles. Certes, chacun ne recueillera pas également les fruits de cette prospérité, mais chacun bénéficiera peu ou prou de ses effets. Et il faut avoir l'esprit vraiment mal fait pour ne pas préférer une prospérité diversement répartie à une pauvreté uniforme. Quand donc voudra-t-on bien admettre qu'avant de partager la richesse, il faut la créer ? L'État aussi y gagnera, par l'accroissement des rentrées des impôts indirects.

On s'emploiera naturellement à *éteindre le plus rapidement possible la dette extérieure.* Tout intérêt effacé est un soulagement pour l'État.

On pourra alors passer au *troisième temps*, à date également prévue, dans l'ordonnance : la création de *l'attribution générale de citoyenneté.*

Depuis des décennies, nos politiques nous obstruent les oreilles avec « une société plus juste, plus généreuse, plus humaine… l'aide aux déshérités et aux démunis… la lutte contre l'exclusion et la fracture sociale ». Et puis d'autres politiques arrivent, qui tournent la même manivelle ; et rien ne s'améliore.

Osons alors une grande mesure concrète, novatrice, et par laquelle la France étonnerait le monde.

Chaque Français se verrait attribuer une dotation annuelle correspondant au loyer minimal d'une pièce d'habitation, au nombre de calories nécessaires à une alimentation de base, à un habillement suffisant et à la prime d'assurance-maladie. Ainsi, il n'y aura plus, théoriquement, ni sans-abri, ni meurt-de-faim. La mendicité n'aura aucune justification, et nul ne saurait être clochard sinon par vocation.

L'honneur de la France sera qu'aucun de ses citoyens ne soit privé des moyens de subsister. Le voilà, le véritable socle de l'égalité des chances ; la voilà, la vraie générosité publique, palliative des différences naturelles ou sociales.

Personne ne pourra se dire « exclu ». Le complément de ressources de chacun sera le fait de son travail, selon ses capacités. *L'attribution générale de citoyenneté* sera allouée à chaque petit Français dès sa naissance, et versée jusqu'à sa majorité à ses parents ou à son tuteur légal.

Cette dotation favorisera la constitution des couples, la solidification des familles, la natalité. Une famille comptant trois enfants devrait, grâce au cumul des attributions individuelles, pouvoir vivre décemment avec un seul salaire parental.

Jointe à tous les assouplissements et levées de contraintes résultant des autres ordonnances et à la prospérité retrouvée par la suppression des impôts directs, cette innovation majeure devrait conduire à un profond changement des mentalités.

Utopie, utopie, va-t-on s'écrier ! Où donc en trouverez-vous les moyens ? Très simplement dans la suppression de toutes les allocations et assistances diverses qui n'auront plus lieu d'être : R.M.I., allocations familiales, aide à ceci, aide à cela, et dans la disparition consécutive des administrations qui les gèrent et les contrôlent.

Quel dégraissement de l'État, et comme le pays se sentira les poumons plus libres !

Si la France devient la première nation à assurer à tous ses citoyens le minimum vital, elle pourra vraiment se dire florissante.

DE QUELQUES MÉDICATIONS DE CONFORT

Aux huit grandes réformes ci-dessus proposées, et dont je n'ignore pas le caractère souvent chirurgical, il conviendrait d'ajouter un certain nombre de mesures d'accompagnement qui, de nature et de portée très différentes, relèvent soit de l'ordonnance ponctuelle, soit du simple décret. Elles ont toutes pour objet de donner plus de dignité à la France et de la rendre plus agréable à ceux qui y vivent.

J'avais projeté d'inscrire en premier *les formalités d'obtention de la nationalité française*, préconisant de l'assortir de conditions mieux précisées et de l'accompagner de quelque cérémonie. Prendre une nationalité est un acte aussi grave que de contracter mariage. Combien de nouveaux citoyens sont choqués que leur entrée dans la communauté française ne donne lieu à aucune solennité et se résume à une signature et à la remise d'un document, rien de plus que s'il s'agissait de l'achat d'une machine à laver. Et combien d'autres, à cause de cela, n'y attachent pas plus d'importance qu'à un contrat d'assurance, ce à quoi, à leurs yeux, elle s'apparente.

Or, à l'instant même où je trace ces lignes, un renfort imprévu me vient du ministre de l'Intérieur britannique, M. David Blunkett, qui vient de présenter aux Communes [1] un projet de loi sur l'accueil des immigrants, demandeurs d'asile et migrants économiques.

Que dit ce ministre travailliste ? « Tous ceux qui viennent dans notre pays pour s'y établir doivent accepter les valeurs sur lesquelles est fondée la citoyenneté. »

Première condition, qui semble élémentaire, mais n'était pas obligatoire : connaître la langue nationale. Savoir la lire et l'écrire. On donnera des cours de langue aux impétrants, cours sanctionnés par des examens. Des enseignements porteront également sur la culture britannique, les règles du civisme et le fonctionnement des institutions.

Les tests de citoyenneté dûment passés, les

1. Cf. *Le Figaro* du 8-2-2002.

immigrants admis devront publiquement prêter serment d'obéissance et de loyauté à la Reine, et jurer de respecter les lois démocratiques du pays, au cours d'une cérémonie solennelle.

« Le choix de la naturalisation ne saurait être banalisé. Un tel événement, commente M. Blunkett, ne peut être confiné à l'envoi d'une notification administrative par voie postale comme une simple note de gaz. »

Voilà très exactement ce que je demande, voilà qui convient tout autant pour la France. Le serment de fidélité à la République peut valoir le serment à la Souveraine.

Nos socialistes laxistes auraient tout avantage à s'inspirer de cette loi travailliste, y compris dans ses autres dispositions qui ne manquent pas de bon sens, et nos libéraux frileux à en soutenir l'esprit, comme le font Outre-Manche les tories.

⋆

Passons aux améliorations de la vie quotidienne. La plus prochaine *privatisation* à effectuer sera celle *de la Poste.*

Autrefois, l'acheminement du courrier obéissait à une sorte d'impératif sacré. Il y avait un mythe du courrier. Les facteurs, par tout temps de bise, neige ou de canicule, allaient à pied ou à vélo, sans se plaindre, porter les lettres au plus reculé de nos villages.

Mermoz, Guillaumet risquaient leur vie au-dessus de l'Atlantique pour que parvinssent, le plus vite possible, en Amérique latine et sur les ailes de la France, des factures commerciales ou des niaiseries d'amour. Ils savaient ce qu'ils transportaient. Mais « le Courrier » était leur honneur.

Est-ce la multiplication et l'immédiateté des nouveaux moyens de communication, fax, téléphone mobile, courrier électronique – dont il est déjà trop tard pour que nous l'appelions autrement que e-mail – ou bien est-ce une modification radicale et syndicale de l'état d'esprit des postiers qui ont amené à la dégradation que nous constatons ?

La Poste est devenue le service public le moins digne de ce nom. La grève y est pratiquée comme un sport, mais sans qu'on prévienne jamais le public du lieu où se déroule le match. Il n'est pas rare qu'une lettre postée dans le VIe arrondissement de Paris mette huit jours à parvenir dans le VIIIe. Parfois, c'est un centre de tri jouant les prolongations qui prive toute une province, pendant trois semaines, de recevoir aucune correspondance. Des plis s'égarent fréquemment. Il est exceptionnel de se trouver en face d'un guichetier affable et expéditif. La plupart offrent des visages maussades, indifférents, comme s'ils étaient là condamnés à un injuste purgatoire, ou bien vous laissent attendre qu'ils ou elles aient fini leurs conversations privées, dans le fond du bureau. Dans les régions viticoles, les propriétaires de grands crus sont plus assurés de la délivrance d'un envoi postal s'ils n'y font pas paraître une appellation célèbre.

L'incertitude et la lenteur du courrier ont suscité l'apparition d'organismes privés qui assurent, moyennant des tarifs assez élevés, des acheminements rapides.

C'est dans cette voie qu'il faut pousser.

Les différentes branches d'activité de la Poste seront vendues à des compagnies indépendantes. Leur concurrence les obligera à rivaliser de qualité et à réduire le prix de leurs services. L'État y trouvera l'immense avantage d'être dégraissé d'une masse de fonctionnaires coûteux et revendicatifs. Quel allégement des dépenses publiques !

Les personnels pourront être reclassés dans les organismes privés, mais avec un nouveau statut, d'autres obligations de rendement et d'autres critères de promotion.

*

L'autre *privatisation* qui s'impose est celle *des chaînes de télévision dites de service public.*

À quoi servent-elles qui puisse justifier qu'elles soient précisément un service public ?

Elles sont en constant déficit. Elles s'obligent, pour « faire de l'audience », à rivaliser de vulgarité avec les chaînes privées. Elles sont soumises à des réglementations imposées par les syndicats, qui augmentent inutilement le coût des productions, et elles n'échappent pas aux pressions politiques internes. L'économie qui en résulterait pour l'État pourrait être utilisée à la *création d'un journal télévisé officiel* qui, en un temps où c'est l'image qui nourrit l'opinion, manque douloureusement. Cette chaîne, qui serait un véritable service public, sous contrôle du ministère de l'Intérieur et de celui des Affaires étrangères – jouons franc jeu et annonçons nos couleurs – diffuserait les déclarations du gouvernement, les dispositifs des lois, leur explication, et un programme de nouvelles nationales et internationales traitées aux trois niveaux de l'information : les nouvelles brutes, mais avec la certitude qu'elles sont fiables ; les nouvelles commentées, c'est-à-dire éclairées par des considérants géographiques, historiques, politiques ; les nouvelles débattues, c'est-à-dire soumises aux points de vue d'experts reconnus ou d'autorités impliquées. La vie régionale, les faits culturels, les reportages y auraient leur place.

Mais il serait interdit d'attaquer sans ménagement des chefs d'État ou de faire le procès de gouvernements étrangers, sauf si leurs actes ont été officiellement stigmatisés par les Nations Unies ou un organisme international auquel notre pays appartient.

Trop souvent la France se crée des ennemis parce qu'une nation étrangère, ou ses dirigeants, ont été pris à partie, sans aucune mesure ou élégance, dans une émission télévisée, du seul gré de son animateur ou des intervenants qu'il a choisis.

Une chaîne télévisée qui soit vraiment d'État éviterait ces tensions. Ne pourrait être retenu comme la voix de la France que ce qui s'y exprimerait ; et pour ce qui serait dit sur les autres chaînes, ce serait l'affaire de la liberté de la presse que l'extérieur doit admettre comme une des composantes de notre démocratie.

En outre une telle chaîne serait dispensée de nous faire ingurgiter d'interminables séquences de publicité consacrées, dans les meilleurs cas, à des voitures mirobolantes que nous n'achèterons pas, et dans les autres aux difficultés digestives ou au nettoyage des installations sanitaires.

*

Il est temps, d'autre part, et même grand temps, de *fixer des limites à la loi du 1er juillet 1901 sur les associations.*

Cette loi, qui prétendait traiter de la liberté d'association, était en fait une loi de circonstance et visait à régler les conflits d'alors à propos des congrégations religieuses.

Les extrêmes facilités qu'elle donne à la faculté de s'associer et de constituer une personne morale de droit privé en ont fait proliférer l'usage. Les seules interdictions concernant les associations sont d'avoir « un objet illicite, contraire aux lois, aux bonnes mœurs ou qui aurait pour but de porter atteinte à l'intégrité du territoire national et à la forme républicaine du gouvernement ».

Qui donc, même si telle est son intention, irait déclarer une association avouant ces objectifs-là ?

Il est naturel et bon que des individus puissent se grouper afin de défendre une cause qui leur est chère, soutenir leurs droits, protéger leurs intérêts professionnels, conduire des actions charitables et humanitaires, garder la mémoire d'hommes ou d'événements illustres, servir le développement d'une activité sportive ou culturelle.

Les associations reconnues d'utilité publique sont soumises à des contrôles assez rigoureux. mais les autres sont totalement libres de leur gestion et de leur fonctionnement. Or il y a présentement, en France, 880 000 associations, dont le budget total annuel tourne autour de 300 milliards de francs [1]. Là où les choses se gâtent, c'est que, sur cette somme, 166 milliards, donc plus de la moitié, proviennent de fonds publics, ministères, collectivités locales, etc.

Une association, en principe, doit vivre des cotisations de ses sociétaires et des libéralités qui lui sont faites. Ce n'est pas une structure sociale faite pour recueillir des subventions de l'État, des régions ou des communes, et les utiliser sans contrôle.

Certains scandales récents ont révélé les déviations, voire les escroqueries que peut permettre une telle pratique. Mais il y a pire encore ; ce sont les associations, et elles sont nombreuses, créées par les collectivités territo-

1. Chiffres de l'année 2001.

riales ou locales, à tous niveaux, et qui ne sont que des services administratifs déguisés.

Ces associations ont souvent le maire, ou un adjoint, pour président ; leur conseil d'administration est constitué d'élus ou de fonctionnaires de la ville, et toutes leurs ressources proviennent de subventions votées par le Conseil municipal.

Départements, régions, ville de Paris, secrétariat général à ceci ou à cela, et ministères eux-mêmes, ont recouru et recourent à ce procédé. La transparence des comptes publics n'y gagne pas.

Tel célèbre juriste a pu appeler « pseudopodes des services ordinaires » et tel autre « faux nez de l'administration » ces associations qui n'en sont pas, et qui peuvent servir des intérêts politiques, catégoriels ou personnels.

Le Conseil d'État, à plusieurs reprises, a qualifié de « détournement de l'administration » les cas dont il a eu à connaître, de même que la Cour des comptes et la Cour de discipline budgétaire.

Un imposant dossier existe, que j'ai sous les yeux, qui fait apparaître la nécessité urgente d'interdire toute association de droit privé créée par une administration publique, quelle qu'elle soit, aux fins de remplir un service qui relève de la dite administration.

*

La qualité du paysage urbain fait partie de l'honneur de vivre. Tout le monde ne saurait habiter un palais ni même une demeure de belles proportions. Mais chacun qui se rend à son labeur ou profite de ses heures de repos est bénéficiaire des places harmonieuses, des longues perspectives, des splendeurs architecturales, des jardins, des fontaines et bassins de la ville où se déroule son existence. Et ce sont les mêmes éléments de beauté qui attirent vers une cité les foules étrangères ; ce sont les mêmes témoignages d'histoire et de génie qui participent à la réputation d'un pays. Que ne devons-nous pas à Mansart, à Le Vau, à Lenôtre, à Gabriel, à Garnier !

Nous avons maintes lois et règlements sur la protection de nos monuments historiques ; mais nous n'avons pas *la loi sur les ensembles* qui imposerait l'unité de style et de matériaux d'un quartier, d'une avenue, ou d'une rue.

Le demi-siècle écoulé a développé volontairement et vaniteusement l'anachronisme architectural.

Même s'il est de qualité, l'immeuble de verre

et d'acier défigure la voie où s'alignaient des constructions de pierre ornementée. Que resterait-il de la place des Vosges si l'on avait abattu un de ses hôtels pour le remplacer par une maison Louis XV, un autre pour céder la place au style Empire, et si l'on avait élevé, il y a cinquante ans, une façade de béton ?

Nous avons pu sauver d'extrême justesse, au début des années 70, une partie du patrimoine haussmannien. Mais les Grands Boulevards avaient déjà été défigurés, mais les Champs-Élysées ne doivent qu'à leur verdure et à leur longue, leur superbe montée vers l'Arc de Triomphe de dissimuler la disparate anarchique des bâtiments qui les bordent.

Quand un immeuble faisant partie d'un ensemble devra être remplacé, on recourra au pastiche que tant d'architectes contemporains, qui sont d'ailleurs plus constructeurs qu'architectes, affectent de mépriser, alors qu'il peut parfaitement satisfaire le goût de la création. Unité ne veut pas dire uniformité.

Ou bien on prendra le parti de conserver les façades anciennes et de remodeler les espaces intérieurs en fonction des besoins, procédé dont on voudra bien se rappeler que nous l'avons inauguré pour quelques grands édifices parisiens [1], et qui a été largement imité dans diverses capitales, et notamment à Moscou.

En application de ce principe des ensembles, on débarrassera la magnifique cour du Palais-Royal des tronçons de ciment, dits colonnes de Buren, qui la déshonorent et sont juste bonnes à faire pisser les chiens ; on rasera, dès que possible, la pyramide du Louvre, doublement anachronique, parce que mélange de tombeau égyptien et de sommet de gratte-ciel posé par terre, pour la remplacer par le magnifique projet de Ramirez Vasquez d'un vaste bassin au fond translucide ; et l'on attendra que la Tour Maine-Montparnasse, imposée naguère par Malraux au Conseil municipal, soit largement amortie pour l'effacer de l'horizon parisien.

Ce qui vaut pour la Capitale vaut également pour nos villes de province dont les quartiers anciens ou classiques sont souvent des joyaux.

Dans la foulée, on pourra faire disparaître cette anomalie administrative qui veut que les architectes des Monuments historiques et les ingénieurs des Travaux publics soient les seuls fonctionnaires rémunérés au pourcentage sur les commandes qu'ils décident au nom de l'État.

---

1. La Maison dorée, sur les Grands Boulevards. L'ancien siège du *Figaro*, au Rond-Point des Champs-Élysées.

★

Pour revigorer l'honneur national, il pourrait être bon de *doter chaque métropole régionale d'un escadron de la Garde républicaine.*

Le public aime les défilés militaires ; les enfants se précipitent aux fenêtres quand claquent sur l'asphalte de Paris les sabots des chevaux de la Garde et que passent les uniformes de tradition aux casques étincelants.

Ne méprisons pas cette naïveté : elle est l'expression d'un patriotisme inné et bienfaisant, d'un orgueil qui nous aide à supporter la condition humaine.

La présence de la Garde dans toutes les régions de France, outre l'extension qu'elle donnerait à ce corps d'élite, outre le renfort qu'elle serait pour la sécurité, outre les vocations et les engagements qu'elle pourrait susciter, apporterait en chaque métropole un lustre appréciable aux cérémonies nationales, et un surcroît de grandeur à l'accueil fait aux hautes personnalités étrangères.

Nous n'avons pas tellement de moyens de parade et de prestige ; utilisons celui-là.

Dans le même esprit, le port de l'uniforme sera prescrit ou recommandé aux militaires, en tout temps où ils ont à paraître en public. L'armée doit être visible.

*

Restent, pour remettre la France d'aplomb, quelques médications plus importantes, les plus importantes peut-être, et que j'ai réservées pour la fin.

Si elles ne touchent pas à la Constitution proprement dite, elles relèvent, à tout le moins, de la loi organique.

Beaucoup de nos compatriotes discutent d'une révision de la Constitution. Certains voudraient la tirer vers un retour au régime d'assemblée, le plus détestable qui soit. D'autres voudraient, avec plus de raison, la faire évoluer vers un régime présidentiel.

L'aventure, de toute manière, est hasardeuse.

Notre Constitution a bien fonctionné pendant seize ans, et elle a montré sa relative solidité pendant les vingt-huit ans qui ont suivi.

Les faiblesses qu'on lui trouve tiennent essentiellement à la modification de 1962, c'est-à-dire l'élection du chef de l'État au suffrage universel, disposition sur laquelle il est irréaliste de vouloir revenir, au moins dans l'immédiat.

En fait, c'est moins la Constitution elle-même qui est en cause que l'usage que les élus en font. On devrait pour commencer se limiter à trois mesures qui pourraient améliorer et le fonctionnement de l'État et la vie politique du pays.

La première serait de *fixer une fois pour toutes le nombre, l'appellation et la hiérarchie des ministères*.

Seize est un chiffre maximum. Les titulaires auraient tous le titre de ministre d'État. Avec le président de la République et le Premier ministre, le Conseil des ministres ne réunirait que dix-huit personnes au plus, ce qui permettrait qu'il soit un vrai Conseil, où les échanges seraient plus libres et les secrets mieux gardés, au lieu d'être ce qu'il est devenu, une chambre d'enregistrement de décisions, souvent secondaires, préparées hors de son sein.

Un avantage aussi serait de ne pas modifier arbitrairement la désignation des départements ministériels à chaque changement de gouvernement, d'éviter le flottement qui en résulte dans les esprits, et de supprimer les dépenses que commande chaque fois l'établissement de nouveaux papiers à lettres, timbres, plaques et intitulés de tous documents.

Les ministres d'État seraient assistés chacun

d'autant de secrétaires d'État que nécessaire, qui leur seraient clairement subordonnés, des vice-ministres en somme, qui pourraient être pris aussi bien parmi les hauts fonctionnaires ou les personnes qualifiées que parmi les parlementaires, et remplaçables *ad nutum* sans que cela puisse modifier les équilibres politiques.

La deuxième mesure instituerait *le scrutin uninominal à un tour* pour les élections législatives.

Si le scrutin à la proportionnelle est l'assurance de la dispersion des voix, des marchandages, des alliances contre nature, des chantages au soutien et finalement de l'impuissance des gouvernements, le scrutin uninominal à un tour est, à l'opposé, celui qui procure les majorités les plus solides, qui permet les alternances les plus régulières et les mieux préparées, et donne la plus grande stabilité aux institutions de la démocratie.

En 1958, Michel Debré préconisait l'inscription de ce mode de scrutin dans la Constitution, et le général de Gaulle était convaincu du bien-fondé de cette disposition. Socialistes et centristes, toujours amateurs de « combinaisons », et dont il fallait bien tenir compte, s'y opposèrent obstinément. Ils rendirent là un très mauvais service à la République.

Puisque des modifications du mode de scrutin ont pu être effectuées, dans les dernières décennies, par vote parlementaire, il ne paraît pas y avoir empêchement majeur à ce que la salutaire disposition que nous reproposons soit édictée par ordonnance.

Pour les *élections au Parlement européen*, enfin, il devient évident que le territoire français doit être découpé en quatre-vingt-sept circonscriptions, correspondant au nombre de nos représentants, lesquels, eux aussi, seront élus au scrutin uninominal à un tour.

L'Europe, on nous le dit assez, est la grande affaire de ce nouveau siècle. Il est indispensable donc que le citoyen s'y intéresse et soit tenu informé de ce qui s'y passe. Mais comment le pourrait-il, alors que ses députés au Parlement de Strasbourg – et aux commissions parlementaires de Bruxelles où se fait le travail –, élus sur des listes nationales qui ne sont que des listes de partis lui sont pour les quatre cinquièmes inconnus et ne lui rendent aucun compte ?

Nous nageons là dans l'absurde. Alors que la France a tant fait et doit faire tant encore pour que l'Europe existe, la majorité des Français vivent dans l'ignorance et le désintérêt de ce qui s'y décide pour eux, sauf si cela a une conséquence catégorielle. Ce fâcheux état d'esprit ne commencera d'être transformé que lorsque l'élu européen et son électeur se seront rapprochés.

Telles sont ces quelques mesures, que j'appellerai palliatives, qui aideraient fort la France à se remettre d'aplomb.

CONCLUSION... PROVISOIRE

L'assise de tout pouvoir, le plus absolu comme le plus dissolu, est dans le consentement de ceux sur lesquels il s'exerce. Dès qu'il n'y a plus consentement, le pouvoir s'écroule.

Ce consentement s'obtient par la persuasion, la peur, l'enthousiasme, ou la résignation. Ces conditions sont toutes les quatre temporaires.

La persuasion est lente à s'imposer, elle n'a jamais un effet unanime, et elle s'effrite facilement.

La peur peut établir le pouvoir pour longtemps, mais elle n'est jamais définitive ; le pouvoir se fêle dès le moment où le citoyen commence à se dire : « Et si je cessais de craindre ? » Dès lors, le régime est condamné.

L'enthousiasme ne joue généralement qu'à l'issue d'un temps d'oppression ; mais il est bref. Les bienfaits de la délivrance ne sont jamais à la mesure des espérances, et les peuples perdent vite la mémoire de leurs douleurs.

Je crains que le pouvoir, dans la France d'aujourd'hui, et quel que soit le résultat des prochaines consultations électorales, ne soit plus assis que sur la résignation. Mais la résignation elle-même a une fin.

Quand et comment les Français se secoueront-ils ?

On peut attendre, comme je l'ai indiqué au début de cet ouvrage, une agitation brusque et anarchique, addition de trop de lassitudes, de trop d'irritations, de trop de déceptions, mais nourrie d'aspirations contradictoires. L'anarchie, forcément transitoire, est le terreau de toutes les tentations, y compris les tentations totalitaires. Il faut donc que des hommes lucides, déterminés, et peut-être organisés, soient prêts, dans le désarroi, à rétablir le fonctionnement des pouvoirs en se tenant au plus près de la légalité. Un programme de redressement, qui ne porte pas atteinte aux libertés fondamentales, ne s'invente pas dans l'urgence émeutière ; c'est un tel programme que j'ai tenté de dresser.

Il se peut aussi qu'aucune explosion ne

se produise, et que le pays s'enfonce dans une morosité de plus en plus sombre, un malaise de plus en plus inhibant. Alors c'est le consentement par persuasion qu'il faudra rechercher.

Dans ce cas, les remèdes ici proposés ne seront pas, ne pourront pas être intégralement acceptés par le corps social. Au moins puis-je espérer que ceux qui auront en charge la République prendront, de cette thérapie, ce qui peut être souhaité ou accepté. Ils auront à apprécier, dans le moment, le possible et l'impossible. Mais ils devront se souvenir de la maxime de Sénèque : « Ce n'est pas parce que les choses sont difficiles que nous n'osons pas ; c'est parce que nous n'osons pas qu'elles sont difficiles. »

Je n'ai pas à faire grand effort d'imagination pour prévoir les critiques acerbes que ces pages me vaudront, savoir d'où elles viendront, et deviner les procès d'intention qui me seront faits. J'ai trop d'âge pour m'en soucier.

Au moins voudra-t-on bien me croire si j'affirme n'avoir été inspiré que par l'impérieux désir de servir, une fois encore, mon pays. Je n'ai plus à lui offrir que mon expérience et ma franchise.

La France aura été, depuis ma jeunesse,

l'amour le plus permanent et le plus ardent de ma vie. J'aimerais, avant de disparaître, la retrouver dans sa grandeur, sa noblesse, sa splendeur.

Faise, le 13 février 2002

TABLE

Auscultation, diagnostic, pronostic 9

Ordonnance 1. Sur les services publics 35

Ordonnance 2. Sur la fonction publique . . . 41

Ordonnance 3. Sur l'enseignement 55

Ordonnance 4. Sur la justice 75

Ordonnance 5. Sur la législation du travail . . 103

Ordonnance 6. Sur les armées 119

Ordonnance 7. Sur la politique de la langue 129

Ordonnance 8. Sur la fiscalité 141

De quelques médications de confort 153

Conclusion... provisoire 173

DU MÊME AUTEUR

Mégarée, pièce en trois actes, 1944.
Lettres d'un Européen, essai, 1944.
La Dernière Brigade, roman, 1946.
Les Grandes Familles, roman, 1948. Prix Goncourt.
La Chute des corps (*Les Grandes Familles*, II), roman, 1950.
Rendez-vous aux enfers (*Les Grandes Familles*, III), roman, 1951.
Remarques, essai, 1952.
Un voyageur, théâtre, 1954.
La Volupté d'être, roman, 1954.
Le Roi de fer (*Les Rois maudits*, I), roman historique, 1955.
La Reine étranglée (*Les Rois maudits*, II), roman historique, 1955.
Les Poisons de la couronne (*Les Rois maudits*, III), roman historique, 1956.
L'Hôtel de Mondez, nouvelle, 1956.
La Loi des mâles (*Les Rois maudits*, IV), roman historique, 1957.
Tistou les pouces verts, conte pour enfants, 1957.
Alexandre le Grand, roman mythologique, 1958.
La Louve de France (*Les Rois maudits*, V), roman historique, 1959.
Le Lis et le Lion (*Les Rois maudits*, VI), roman historique, 1960.
Des Seigneurs de la plaine à l'hôtel de Mondez, nouvelles, 1962.
Théâtre (*Mégarée*, *Un voyageur*, *La Contessa*), 1962.
Les Mémoires de Zeus, roman mythologique, 1963.
Paris, de César à Saint Louis, essai, 1964.
Bernard Buffet, essai, 1964.
Le Pouvoir, notes et maximes, 1965.
Les Mémoires de Zeus, II, roman mythologique, 1967.
Le Bonheur des uns, nouvelles, 1967.

Vézelay, colline éternelle, 1968.
L'Avenir en désarroi, essai, 1968.
Lettres d'un Européen et *Nouvelles Lettres d'un Européen*, essai, 1970.
Une Église qui se trompe de siècle, essai, 1972.
La Parole et le Pouvoir, essai, 1974.
Quand un Roi perd la France (*Les Rois maudits*, VII), roman historique, 1977.
Attention la France !, essai, 1981.
Réformer la démocratie, essai, 1982.
Lettre aux Français sur leur langue et leur âme, essai, 1994.
*Circonstances *. Circonstances civiques, du voyage, du gaullisme*, 1997. Prix Saint-Simon.
*Circonstances **. Circonstances politiques I (1954-1974)*, 1998.
*Circonstances ***. Circonstances politiques II (1974-1998)*, 1999.
Le « Bon Français », 1999. Prix Agrippa d'Aubigné.
La France aux ordres d'un cadavre, 2000.

DANS LA COLLECTION *VOLUMES* (PARIS, PLON, 1999)

- Romans mythologiques :
  Les Mémoires de Zeus
  Alexandre le Grand
  Les Rivages et les Sources

- Romans historiques :
  Les Rois maudits (7 tomes)

- Romans contemporains :
  Les Grandes Familles
  La Chute des corps
  Rendez-vous aux enfers
  La Volupté d'être

Impression réalisée sur CAMERON par

BUSSIÈRE CAMEDAN IMPRIMERIES

GROUPE CPI

à Saint-Amand-Montrond (Cher)
en mars 2002

N° d'édition : 428. N° d'impression : 021058/4.
Dépôt légal : mars 2002.

Imprimé en France